AF010621

CRAIG ELLIS

PANZER IV ON THE BATTLEFIELD
★ WORLD WAR TWO PHOTOBOOK SERIES ★

volume  10

© PeKo Publishing Kft.

Kiadja / Published by
PeKo Publishing Kft.
8360 Keszthely, Bessenyei György utca 37.
Email: info@pekobooks.com
www.pekobooks.com

Felelős kiadó / Responsible publisher
Kocsis Péter

Írta / Author
Craig Ellis

A magyar szöveget szakmailag lektorálta / Hungarian text's proofreading
Dr. Számvéber Norbert

Printed in Hungary

Fotók / Photos
Craig Ellis, Péter Kocsis, Pierre Tiquet, Jürgen Wilhelm, Stefan de Meyer, Paul Johnson, NARA, AMC, Alamy, Central military archives of Republic of Bulgaria, Bundesarchiv, SLUB Dresden, HM-HIM, Ria Novosti, Gelders Archief

Kiadás éve / First published
2015

ISBN 978-615-80072-1-4
ISSN 2063-9503

Minden jog fenntartva. A kiadó írásbeli hozzájárulása nélkül tilos a mű bármely részének sokszorosítása, reprodukálása, illetve bármiféle adattároló rendszerben való rögzítése és feldolgozása.

All rights reserved. No parts of this publication may be reproduced, or transmitted in any form or by any means, electronic or mechanical, including photocopying, recording or by any information storage and retrieval system, without permission from the Publisher in writing.

KÖSZÖNETNYILVÁNÍTÁS

A kutatás, mely a könyv alapjául szolgált nem csak az én eredményem, hanem a Missing Linx fórum közösségének is köszönhető. Köszönet illeti meg Stefan De Meyert és az AMC csapatát, akik engedélyt adtak a gyűjteményükben szereplő képek publikálására és Kocsis Pétert, aki szintén saját gyűjteményével járult hozzá a könyv megszületéséhez. Nem utolsó sorban köszönetet mondok társamnak, Emmának.

Craig Ellis

ACKNOWLEDGEMENTS

The research evidenced in this book is not just the result of me sifting ebay daily but is due in no small part to the generous spirit found on the Missing Lynx "Axis discussion group". My thanks also go to Stefan De Meyer and the team at the Archive of Modern Conflict for permission to use photographs from their collection and to Peter Kocsis who contributed the majority of the photographs and made this book possible. Of course the last word must go to my long suffering partner Emma, who manages to cope with my "tanking" with such good humour.

Craig Ellis

BEVEZETŐ

Amennyiben létezik olyan harckocsi, mely jelképezheti a második világháborút, akkor az az abban az elsőtől az utolsó napig részt vevő Panzer (röviden: Pz.) IV. Egy páncélos, amit a változó körülmények alapján folyamatosan fejlesztettek és javítottak. A háborús évek alatt gyakorlatilag elavult, de megbízható maradt, és megtestesítette az adott időszak „működjön, és legyen javítható" gondolkodásmódját. A gyakran igáslónak nevezett Pz. IV valójában nem egy varázslatos fenevad volt, hanem a második világháború csatatereinek hétköznapi szereplője Észak-Afrikától a keleti frontig.

A harckocsi a mezőgazdasági fejlesztés leple alatt kifejlesztett nagy traktorból *(Grosstractor)* született, eredeti elnevezése *„Begleitwagen"* azaz kísérő jármű volt. Kezdetben egy kis kezdősebességű, rövidcsövű (L/24), 7,5 cm-es löveggel fegyverezték fel, mivel elsődleges szerepe a gépkocsizó gyalogság támogatása volt. Kulcsszerepet játszott a később villámháborúként *(Blitzkrieg)* ismertté vált összfegyvernemi hadviselésben. Tervezésekor a Pz. IV Ausf. A legvastagabb, 14,5 mm-es páncélzatának a páncéltörő lövedékeknek kellett ellenállnia, ekkor még egyértelműen nem szántak neki harckocsik elleni feladatot. Még a Pz. III-okkal egy szintre hozott Pz. IV Ausf. B/C változatok 30 mm-esre növelt páncélzata is vékonyabb volt, mint legtöbb ellenfelének páncélzata.

A lengyel hadjárat teljes sikerének ellenére a Pz. IV és más páncélosok veszteségei (a rendelkezésre álló 198 darab Pz. IV-ből 76 került veszteséglistára) azonnal rávilágítottak, hogy az adott páncélvédelem elégtelen a korabeli ütközetek első vonalában megvívott harchoz. A páncéltörő ágyúk technikai színvonalának emelkedése túlszárnyalta a németek elképzeléseit. Ez az egyenlőtlenség tovább növekedett az erősen páncélozott francia Somua S35, Char B és az angol Matilda megjelenésével. A vastag páncélzatú szövetséges harckocsik egyértelművé tették, hogy a Pz. IV-nek szüksége van a 7,5 cm-es ágyúra, de az alacsony kezdősebessége és gyenge páncéltátütő képessége miatt csak kis harctávolságon belül volt hatásos. A kezelőszemélyzetek kiképzésének és hozzáállásának körülményeit is – mondhatni viharos gyorsasággal – ellenőrizték. A fejlesztés során egyértelmű volt, hogy meg kell növelni a homlokpáncélzat vastagságát. Az alacsony gyártási mennyiség és a bürokratikus irányítórendszer miatt a megfelelő termelési szintet azonban csak 1941 áprilisára, a Pz. IV Ausf. F rendszeresítésekor érték el. A Pz. IV mindaddig a páncéltörő tűzzel szemben szinte védtelenül, legtöbb ellenfelével pedig hátrányban vette fel a harcot. Az olyan átmeneti megoldások, mint például a Pz. IV Ausf. D és E változatok páncélteknőjének és felépítményének elejére erősített pótpáncélzat *(Zusatzplatten)* ideiglenesen javított ugyan a harckocsik védelmén, de az alapvető problémát nem oldotta meg (a Pz. IV Ausf. A, B és C változatokra utólagosan, 1940 júliusában szerelték fel a kiegészítő páncélzatot).

A páncélvédelem elégtelensége mellett elavultnak tűnt a *Krupp* által választott laprugós futómű-felfüggesztés is. A megfelelő megoldás a technikailag sokkal kifinomultabb torziós rugózás lett volna, amivel kapcsolatban azonban a *Krupp* olyan rossz tapasztalatokkal rendelkezett, hogy folyamatosan visszautasították az alkalmazását. A laprugós felfüggesztés primitív voltát a gyártás viszonylagos egyszerűsége és könnyű karbantarthatósága ellensúlyozta. Ez a tulajdonsága tette alkalmassá a Pz. IV alvázát arra, hogy a későbbiekben a hídvető páncélostól kezdve az önjáró lövegen keresztül a páncélvadász harcjárművekig bezárólag kiváló alapot képezhessen egy harcjárműcsalád létrehozásához. Ez azonban már egy másik történet.

Annak ellenére, hogy a fentebb leírtak tulajdonképpen mind ellene szóltak, a Pz. IV viszonylag sikeresnek bizonyult a háború kezdeti szakaszában. A villámháború azonban nem az egyes járműveknek köszönhette sikerét. Elsősorban a haderőnemek együttműködése, illetve a korszerű híradótechnika tette lehetővé, hogy a Pz. IV legyen a szíve a sikeres franciaországi, balkáni, Szovjetunió elleni és észak-afrikai hadjáratoknak. A háború kezdeti szakaszában a páncélos fegyvernem *(Panzerwaffe)* mesteri tevékenykedését nem a páncélzatok súlya, vagy a fegyverek ereje alapozta meg, hanem a hírközlés sebessége és az a lehetőség, hogy a kialakult harcászati helyzetre a lehető leggyorsabban tudtak reagálni. A siker kulcsa az ötfős kezelőszemélyzetben rejlett: világosan meghatározott feladatuk és páncélosuk célszerű belső kialakítása tette lehetővé, hogy a Pz. IV kihasználja lehetőségeit. Ezeket a korai változatokat tekinthetjük egyfajta elnyújtott fejlesztésnek, amelynek során a *Krupp* havi termelése átlagosan csak 36 darabot tett ki. Korabeli angol hírszerző jelentések azt sugallták, hogy gyártásuk gyakorlatilag kézi munkával történt. Végül csak a Pz. IV Ausf. F 1941-es rendszeresítésekor történtek meg azok a jelentős szerkezeti változások, amelyek már ipari gyártásnak tekinthetőek. A *Nibelungen Werke* és a *Vomag* csatlakozásával először kötött egyszerre három cég szerződést a gyártásra. Az új változat már a feljavított, szélesebb lánctalppal ellátott futóművön és a homlokpáncélzat 50 mm-re növelt vastagságán alapult.

A Pz. IV Ausf. F-re vonatkozó szerződés aláírásával jelentősen megváltozott a páncélos feladata is. Válaszként a Char B és Somua harckocsikkal szembeni bonyodalmakra, illetve a szovjet T–34 és KV harckocsikkal való egyre szaporodó összecsapásokra, döntés született, hogy valamelyik német páncélost egy nagy kezdősebességű ágyúval kell felszerelni. Egyetlen lehetőségként a Pz. IV merült fel, mivel csak ennek a harcjárműnek volt elég széles a toronykoszorúja egy nagyobb löveg befogadására. Az L/24-es löveg helyére az L/43 csőhosszúságú Kwk 40 harckocsiágyút szánták, amelynek kezdősebessége 990 m/s volt. A PaK 40 páncéltörő ágyú módosított változatát rövid időn belül alkalmassá tették arra, hogy beépíthető legyen a toronyba. A megnövelt fegyverzetű Pz. IV Ausf. F megnevezése eleinte Pz. IV Ausf. F2 volt és 1942 elején az észak-afrikai, illetve a keleti hadszíntéren esett át a tűzkeresztségen, ahol azon nyomban éreztette is hatását. A német harckocsizók végre olyan fegyverhez jutottak, amely biztosította számukra, hogy nagyobb távolságból küzdhessék le ellenfeleiket, mint amekkoráról azok kárt okozhattak volna az ő páncélzatukban. Az Ausf. F2 jelölést később Ausf. G-re változtatták. E jelzés alatt a gyártási idő során aztán számos kisebb változtatást hajtottak végre, azonban a páncélosok felszereltsége csak a sorozat gyártásának közepe táján, 1943 elejére vált egységessé.

Mostani kutatásaim során arra a következtetésre jutottam, hogy a három gyár ezeket a változtatásokat egymástól némileg eltérő módon hajtotta végre. Annak tudatában, hogy az alvázszámok *(Fahrgestellnummer)* nem egy adott sorrendben kerültek a páncélosokra, hanem a gyárak párhuzamosan adták ki azokat, a korabeli fényképek – amelyeken látható a szám – tanulmányozása lehetőséget adott az eltérések megállapítására. Ezek alapján viszonylag pontosan besorolható, hogy az egyes páncélosokat melyik gyártó melyik időszakban készítette. Példának okáért: a füstfejlesztők felszerelése a torony oldalára 1943 februárjában jelent meg. Egy utasítás alapján ugyanakkor egy az alvázszáma alapján a *Nibelungen Werke*-nél januárban készült Pz. IV Ausf. G-n már látható volt. A *Krupp* gyártmányain ugyanez az eszköz az új tetőlemezzel és új parancsnoki kupolával egyetemben csak márciustól jelent meg, a *Vomag* esetében pedig csak március közepétől, illetve végétől. A különböző eltéréseket és változtatásokat – amelyek a Pz. IV Ausf. G esetében a köténylemezek alkalmazásával értek véget – a fényképek aláírásaiban ismertetjük. A kötényzet szerepe az volt, hogy eltérítse a lövedéket azok pályájáról, mielőtt az becsapódik a felépítménybe vagy a toronyba. Ezt az olcsó, nehezen észlelhető, és a páncélos 30 mm-es oldalpáncélzatával szemben nagyon hatásos szovjet páncéltörő puskák ellen fejlesztették ki.

A Pz. IV döntött páncélzattal és új toronnyal történő kialakításának terveit elvetették. A Pz. IV Ausf. H megjelenésével valójában csak viszonylag jelentéktelen külső változtatások történtek, ezek egyik legjellegzetesebbike a *zimmerit* bevonat alkalmazása volt. Az állandósult kivitelezés 1943 októberére futtatta csúcsra a gyártást, amikor 328 harckocsit adtak át. Ezt a szintet a szövetséges bombázások és az újabb tervezésű harcjárművek (a „nagymacskák", illetve a *Sturmgeschütz Neu [Jagdpanzer IV]*) gyártására való átállásért kifejtett nyomás ellenére közel egy évig tudták fenntartani. A Pz. IV politikai csatározások játékszere lett, és közel került ahhoz, hogy nyugdíjba kerüljön. Guderian, a viták győztese egy szigorú menetrend felállításával kiharcolta, hogy a páncélos gyártása a következő generációra történő fokozatos átállás mellett elsőbbséget élvezzen. Ez a haladék azzal járt, hogy a gyártás egyre inkább a *Nibelungen Werke*-re nehezedett, míg a *Krupp* átállt a *StuG. IV*, a *Vomag* pedig a *Jagdpanzer IV* gyártására.

Mire a keleti fronton harcoló csapatok hozzájutottak a Pz. IV Ausf. H-hoz, a harcászati eljárások változni kezdtek. Annak ellenére, hogy a kurszki összecsapások élvonalába került, annak kimenetele miatt már főleg csak harcászati visszavonulásban és védelmi műveletekben vett részt. Ebből kifolyólag a Pz. IV további fejlesztése a hatékonyság körül forgott. A gyártást két gazdasági cél határozta meg: megóvni a szűkös nyersanyagforrásokat és felgyorsítani a gyártási időt – mindkettő a kialakult, veszélyes hadászati helyzet indokolta. A Pz. IV Ausf. J gyártása során a fő szempont a feleslegesnek vélt külső felszerelések elhagyása, a gyártási eljárások leegyszerűsítése, és az alacsonyabb költségek, illetve gyorsabb gyártás elérésére tett erőfeszítések megalapozása volt. Ilyen megfontolások alapján véglegesen elhagyták a torony kinéző nyílásait (ezt amúgy már az Ausf. G gyártása során megtették). A beszállítások akadozása és késedelmei, illetve amiatt, hogy a legyártott alkatrészeket továbbra is fel kellett használni, az egyszerűsítéseket csak fokozatosan alkalmazták. A páncélteknő oldalfalait meghosszabbították, és ezeknek a hozzáadott felületeknek a kifúrásával alakították ki a vontatónyílásokat. Egyes részegységeket eltávolítottak, hogy helyet biztosítsanak egy további üzemanyagtartály számára, a köténylemezeket pedig a súlycsökkenés érdekében dróthálóból készítették. Mindezek, és további számos kisebb módosítás a Pz. IV Ausf. J legutolsó változatának jelentősen eltérő megjelenését eredményezte. A Pz. IV hat nehéz év nyomait viselte magán, és bár a legutolsó napokban is megvillantotta oroszlánkörmeit, túlélési esélye rendkívül alacsony volt. Legfőbb erősségét azokban az időkben megbízhatósága, kiforrottsága, könnyű kezelhetősége és egyszerű karbantarthatósága jelentette. A második világháború végével sem múltak még el számára a küzdelmes napok: a cseh gyárak számos sérült és hátrahagyott páncélost összegyűjtöttek és felújítottak, majd közel-keleti országoknak adtak el, ahol az 1960-as évek végéig harcoltak.

Craig Ellis (8wheels-good)

INTRODUCTION

If there is one tank that epitomises the Second World War then it the Pz. IV, a tank that survived from the first day to the last. A tank that had to constantly evolve and improve to try and keep up with it's changing circumstances; virtually outmoded in its inspection it was none the less dependable but flawed the absolute epitome of that period's "make do and mend" mentality. Often referred to as a workhorse the Pz. IV is certainly not a glamorous beast but from North Africa to the Eastern front it was a ubiquitous fixture on the various battlefields of WWII.

Born under a shroud of agricultural deception from the *Grosstraktor* development programme its original name was *Begleitwagen* or escort vehicle. Initially armed with the short-barreled *(kurz)* low velocity 75mm L24 howitzer it's original task was seen as close support for mobile infantry units. A key component in the combined arms warfare that would become known as the *"Blitzkrieg"*. With a maximum armour thickness on the Ausf. A of only 14.5mm it was designed to withstand armour-piercing bullets and clearly not expected to engage in tank on tank exchanges. Even when the Ausf. B/C was increased to 30mm in line with the Pz. III it was thin in comparison with many of its contemporaries.

Despite the overall success of the Polish campaign it was immediately clear from Pz. IV and other *Panzer* loses (as many as 76 of 198 Pz. IVs available) that this level of protection was inadequate for front line roles on the contemporary battlefield. Technical advances in anti-tank guns had already outstripped German predictions. When confronted by the heavily armoured French Somua S35, Char B and the British Matilda this disparity became even clearer. The heavily armoured allied tanks meant the Pz. IV's 75mm gun was needed but its low velocity had poor penetration unless engaging the enemy at close quarters. An almost perfect storm of circumstances sent to test the crews training and endeavor.

The need for a significant increase of frontal armour was clear at this early point in development but due to small production numbers and a pedantic contract system an adaquate level of protection would not be available until the Ausf. F appeared in April 1941. Until then the Pz. IV remained vulnerable to anti-tank fire and inferior to many adversaries it would meet. Interim solutions like the additional *Zusatzplatten* armour fitted to hull and superstructure on Ausf. D & E and retro fitted to Ausf. A, B & C hulls in July 1940 would temporarily increase protection, without solving the underlying issue.

As well as the fundamental issue of protection the spring leaf bogie suspension system selected by *Krupp* was seen as outmoded. The preferred option was the technically more sophisticated torsion bars system but *Krupp*'s experiences with it had been so bad they would continuously oppose its use. However primitive a ride the leaf spring generated its relative simplicity of production and maintenance would eventually come to be seen as a strength. This reliability caused the Pz. IV to become the go to chassis for any alternative armoured vehicles and produced an extended family from bridge-layers and self-propelled artillery to *Jagdpanzer*s and assault guns. But unpacking the tale of that complex family tree is for another day.

Despite all this being weighed against it the Pz. IV performed relatively successfully in this early phase of the war. However, the success of the *Blitzkrieg* was not down to the performance of individual vehicles, it was mainly superior joint-force tactics and communication that allowed the Pz. IV to be at the heart of the successful campaigns in France, Balkans, Russia and North Africa. The master stroke of the *Panzerwaffe* in the initial phase of the war turned out not to be weight of armour or power of gun but speed of communication and the ability to respond agilely to combat situations as they arose. It was to be the five-man crew; their clearly delineated roles and their well-designed and apportioned interior that allowed the Pz. IV to out perform its potential.

These early Ausfs could be seen almost as an extended development phase, with production at *Krupp* peaking at an average of only 36 a month. British intelligent reports of the time suggest their style of fabrication was almost hand made. Only with the introduction of the Ausf. F in 1941 was a decisive structural form finally reached and a more industrial, mass manufacture practice applied, with three factories awarded contracts for the first time as *Nibelungen Werke* and *Vomag* joined *Krupp*. This decisive form would sit on an updated running gear with wider tracks and see all forward armour a consistent face-hardened 50mm.

The culmination of Ausf. F contracts was also to see the role of the Pz. IV change significantly. In response to the difficulty in dealing with the Char B and Somua and the increased contact with the superior Russian T-34 and KVs a high velocity gun had to be mounted on one of the German panzers. The Pz. IV turned out to be the only one with a wide enough turret ring to accommodate this, so out went the L24 howitzer and in came the Kw.K. 40 L43 with a muzzle velocity of 990 m/sec. This version of the PaK 40 had been rapidly adapted for turret mounting. The upgunned Ausf. F was initially designated F2 and saw its introduction to action in North Africa and the Eastern front in early 1942, where it had an immediate impact. For once the German tankers had a weapon that allowed them to knock out the enemy at distances that did not expose their own weak armour. The Ausf. F2 would soon be retrospectively redesignated as the Ausf. G, a designation that was to see a multitude of minor updates over a fraught production period. It wasn't until the mid production point, around the start of 1943 that all three factories were able to consistently produce vehicles of a similar appearance.

My recent research has identified that the way the three factories implemented these changes was slightly different. A photographic study of vehicles with a visible Fgst. Nr. (*Fahrgestellnummer* - chassis number) along with the fact these numbers were not always sequential but allocated to factories in parallel blocks has allowed these differences to be identified. These are such that vehicles produced by each factory can be spotted and dated relatively accurately for the first time. For example an order was issued in February 1943 to fit turret smoke candles yet an Ausf. G with a *Nibelungen Werke* Fgst. Nr. from January production has them already fitted. They do not appear on *Krupp* vehicle's until March along with the new roof and cupola and they are still not on *Vomag* G's produced in mid-late March. The range of specific features that were idiosyncratically fitted or omitted is described in the photograph captions. This would continue as the Ausf. G went through it final metamorphosis, appearing at the end of it run shrouded in metal skirts. These Schürzen shields acted as stand off armour, disrupting projectiles before they could impact. They were added to protect against the Russian anti-tank rifle a cheap, hard to spot and effective weapon against the *Panzer* 30mm side armour.

Plans were shelved to radically change the appearance of the Pz. IV by adding slopping armour and a new turret. Instead, with the introduction of the Ausf. H, there was a relative lull in the amount of changes with external additions like the anti-magnetic paste *zimmerit* being the most notable. This settled design would see a production peak in October 1943 when the total number to leave the factories was 328. This level was to be kept up for almost a year despite external pressure from allied bombing and internal pressure to transfer production to new tank designs i.e. the big cats and the *Sturmgeschütz neu*. The Pz. IV had become a political football and found itself on the verge of retirement when Guderian, its early champion, would return to favour and instigate a schedule that prioritized its continued production alongside the gradual move to the next generation. With this reprieve in place Pz. IV production would increasingly be taken over by *Nibelungen Werke* with *Krupp* transferring to the StuG. IV and *Vomag* to the Jg. Pz. IV.

As the Ausf. H's arrived on the Eastern front tactics began to change. Although it would be at the forefront of the Kursk offensive the outcome of this would mean from that point on it would be largely involved in tactical withdrawals and defensive operations. This meant the future evolution of the Pz. IV would be about efficiencies. Two administrative goals focused the design process; saving scarce resources and speeding up manufacture time. Both were driven by the increasingly perilous situation of the war. Therefore the programme of change throughout the Ausf. J production run was concerned with deleting extraneous elements, simplifying manufacture processes and adjusting forms to help lower cost and manufacture time. With this in mind the deletion of turret vision ports started in the Ausf. G run was now completed, although interruptions in supply chains and the need to use up parts already machined meant many implementations appeared gradually. The construction of the hull tub was altered to add extended sides that were drilled to create tow points. Items were removed to add an extra fuel tank and the hull S*chürzen* was now produced with weight saving interwoven wire. All these and many more minor adjustments meant the appearance of the final version of the Ausf. J was distinctively different.

Six difficult years had taken their toll on the Pz. IV and despite still having a potent kick by the final days its survival rate was low. But over that period its core strengths of reliability, usability and ease of maintence meant it had been able to stay the course but its days in conflict were not over. Numerous carcasses and abandoned vehicles were gathered up by the Czech factories and reconstituted. These were subsequently sold to the Middle East where they would fight in this new war zone until the late 60s.

Craig Ellis (8wheels-good)

Ezen a két fényképen a Páncélos Tanhadosztály állományába tartozó Panzer IV Ausf. A látható, amikor az egység elsősorban még csak kiképzéssel foglalkozott. Az alakulat jelzését – a 2-es szám mellett – eltakarja a csavarkulcs. A felette látható rombusz a páncélos alakulatok harcászati jelzése. A Pz. IV Ausf. A jellegzetességei közül jól látható a helyretoló szerkezet homlokburkolatán lévő csavarok (a lövegcső két oldalán, egymáshoz képest átlósan egy-egy darab) és a harcjárművezető egyszerű, felnyitható kinézője a lépcsőzetesen kialakított homlokpáncélon.

These two images show an Ausf. A attached to Pz. Lehr when it was still primarily a training unit. The Pz. Lehr emblem is hidden by the spanner to the left of the 2. The rhombus above it is a tactical symbol representing a Panzer unit. Visible Ausf. A features include the single bolt on each side of the recuperator front plate (these were diagonally opposite one another) and the simple lifting vision port for the driver on a two piece, stepped superstructure front.

Jól látható a Pz. IV Ausf. A-k kezdeti szériájának egyszerű parancsnoki „dob" kupolája, akárcsak a farlemez közepére rögzített vonószem. Ez utóbbi változatlan maradt a Pz. IV Ausf. B és C sorozaton is. Figyeljük meg a négyszögletes közelharcnyílást a torony hátulján, amely ugyanolyan kivitelezésű, mint a homlokpáncélon (lásd az előző képen)! A füstfejlesztőt utólag szerelték fel az összes, 1938 júliusa előtt készült változatokra.

The simple drum cupola of this initial Ausf. shows up well from a rear view, as does the simple rear tow point at the centre of the rear plate. This style of tow point continued in Ausf. B & C production. Note also the square pistol port on the rear of turret, which is the same design as that in the centre of the front plate (see opposite). Fitting smoke candles to the main exhaust was a retro process implemented to all older Ausfs in July 1938.

Sajnos nem tudni, hogy ez a Pz. IV Ausf. A melyik alakulathoz tartozott, de a fénykép valószínűleg a Szudéta-vidéken készült. A változat jellegzetességei: a felépítmény kétfelé nyíló búvónyílásai, csuklópántokkal rögzített nyílászárók a torony homlokpáncélján, gömbölyű homlokgéppuska állvány a pánceltesten, szögletes vonószemek a páncélteknő frontpáncéljának felső részén és vastagabb gumik a legelső, és a négy utolsó futógörgőn. Utóbbiakat a Pz. IV Ausf. B gyártásának megkezdésével laposabbra cserélték (lásd a 9. oldalon!).

Although the specific unit for this Ausf. A is unknown it is probable that the image is from the Sudentenland. Notable features specific to this Ausf. and not repeated on later versions were; split superstructure hatches, hinged flap openings on the turret front, spherical hull MG, squared tow points higher on the hull front, the wider style of tyre seen on the first and last four road wheels. These were replaced by the flatter profile introduced with Ausf. B (see page 9).

Jól látható a korai változatok szélesebb felépítménye, a motortér döntött oldalfala és a torony oldalsó kibúvójának keskeny kinézőnyílása. Ilyen nagyméretű harcászati azonosítószámokat a 7. páncéloshadosztály 25. páncélosezrede használt a „Fall Gelb" hadművelet alatt. A (bal hátsó sárvédő feletti) kis táblára festett szám nem egyezik a toronyszámmal, ez azonban gyakran látható azokon a járműveken, amelyekről ezen hadjárat során készült fénykép, és valószínűleg annak köszönhető, hogy megváltozott az adott páncélosok feladata vagy más egységhez kerültek.

A view from the left side unimpeded by the aerial trough shows up the wider superstructure and angled engine sides well. The narrow vision ports on the turret side hatch is also specific to this early Ausf. These large turret numbers were used by Pz. Rgt. 25 - 7. Pz. Div. during "Fall Gelb". The number on the small plate doesn't match the large turret number, this has been seen a number of time during this campaign and may indicate vehicles changing roles or units.

Klasszikus összehasonlító fénykép a jobb oldalon látható Pz. IV Ausf. A és a bal oldalon álló Pz. IV Ausf. B-hez. Az egyetlen darabból készült homlokpáncélzat megjelenése mellett jelentős változás volt, hogy keskenyebb lett a felépítmény is. A torony frontpáncélján a kinézőnyílások páncélozott burkolatot kaptak. A legjelentősebb változtatást a parancsnoki kupola páncélozása jelentette. A képen nehezen kivehető, hogy a páncélteknő homloklemeze a későbbi változatokon már nem egy lekerekített elem volt, hanem két egymáshoz hegesztett lemezből állt.

A classic comparative view of the Ausf. A on the right and an Ausf. B on the left. The significant changes include the narrowing of the superstructure along with the move to a one-piece front plate. With the turret the proportions on the front plate were changed with armoured covers for the vision ports. Most noticeable was the addition of armour to the cupola. One thing hard to spot is the change to the hull front, it was two welded surfaces rather than one rounded element.

A Pz. IV Ausf. B és Ausf. C közötti egyik különbség a belső lövegpajzs kialakítása volt. A B változaton ez láthatóan laposabb és szélesebb, illetve a párhuzamosított géppuskának még nincs páncélozott burkolata. A felépítmény homlokpáncéljára festett "XX" 1940-ben a 9. páncéloshadosztály jelzése volt, ám a „Barbarossa" hadművelet idején már a 6. páncéloshadosztály használta. A frontpáncél vízszintes elemén látható akasztók azonban, amelyek drótkábel rögzítésére szolgáltak, az előbbi alakulat páncélosainak jellegzetessége.

The one distinguishing feature between an Ausf. B and an Ausf. C is the design of the internal mantlet. The top edge is visibly flatter and wider on a B and there is no armoured cover for the coaxial MG. The XX symbol on the superstructure front was used by 9. Pz. Div. during 1940. This symbol would transfer to 6. Pz. Div. for Operation "Barbarossa". The fittings on the glacis plate (used to wrap wire) however are specific indicators of this unit in this period.

Ismét egy Pz. IV Ausf. B a „Fall Gelb" hadművelet idejéből, az 1. páncéloshadosztály 2/4. páncélosszázadának állományából. A nagyméretű azonosítószámot (422) fehér keretben valamilyen színnel festették fel, ez megkülönbözteti a hadosztály 1. páncélosezredének 4. századában szolgáló páncélosoktól, amelyeken kisméretű számjegyeket alkalmaztak, előttük egy ponttal. A vezető új kinézője már két részből áll, amelyeket össze lehetett csúsztatni. Annak oka ismeretlen, hogy a Pz. IV Ausf. B és Ausf. C változatokon miért hagyták el a homlokgéppuskát.

Another Ausf. B during "Fall Gelb", this time from 4./Pz. Rgt. 2 - 1. Pz. Div. The larger turret number (422) had a colour field behind it. Both these feature distinguish it from 4./Pz. Rgt. 1 - 1. Pz. Div. who used small numbers with a dot in front of them. The new much more heavily armoured driver's vision port now had two parts that slide together for protection. It is unclear why the hull MG was dropped for Ausf. B & Ausf. C production.

Ez a Pz. IV Ausf. C az 1. páncéloshadosztály 1. páncélosezredének járműve, és az átfestett hasábkereszt alapján már a „Fall Weiss" hadművelet végén, vagy utána került bevagonírozásra. Lengyelországban csak ennek a hadosztálynak a páncélosaira festettek fel harcászati azonosítószámokat. A párhuzamosított géppuska árnyéka arra utal, hogy ez egy Pz. IV Ausf. C. A második jármű egy Pz. IV Ausf. A változat. A fénykép szöge lehetőséget nyújt a tornyok homloklemezének összehasonlítására, a bevágások mérete közötti különbségek alapján.

This Ausf. C belongs to Pz. Rgt. 1 - 1. Pz. Div. and the over painted Balkenkruez appears to suggest it is in transit after or near the end of "Fall Weiss". 1. Pz. Div was the only units to have turret number applied in Poland. Behind the main gun is the shadow of the coaxial MG, which is a give away for the C but often hard to spot from this side. The second vehicle is an Ausf. A, this angle allows a comparative study of the turret fronts revealing the relative size of the undercut on the turret chin.

A 15. páncélosezred Pz. IV Ausf. B és C páncélosainak karbantartása a lengyel hadjárat során. Hátulról lehetetlen megkülönböztetni a két változatot. A kipufogó tetején futó kiegészítő cső a B változaton általában valamivel rövidebb, de a rendelkezésre álló referenciák alapján ez nem általános. A harcászati azonosító két számjegyből és egy színes hasábból áll (századonként eltérő színnel), amely rendszert az ezred egészen 1942 nyaráig alkalmazott.

A group of Pz. Rgt. 15 Ausf. Bs & Cs undergoing repair during the Polish campaign, from the rear it is impossible to tell them apart. The auxiliary exhaust that ran across the top of the main exhaust muffler may have been shorter on the B but evidence points to this not being a universal difference between the two Ausfs. The two digits with a coloured bar (the colour represents the Kompanie) would be a numbering system this Regiment would stick with right through to the summer of 1942.

A fénykép alapján nyilvánvaló, hogy a Pz. IV-ek nehéz időket éltek át Lengyelországban. A több, eltérő forrásból származó adat némelyike 76 darabra teszi az elveszített Pz. IV-ek mennyiségét, ám ez ellenőrizhetetlen, mert a járművek többsége valószínűleg csak megsérült és nem került véglegesen veszteséglistára. Minden bizonnyal egy olyan előretolt javítóbázisra kerültek, mint ami a képen is látható, ahol „összefoltozták" őket. A leginkább sérül páncélosokat azonban visszaküldték gyári nagyjavításra, vagy teljes újjáépítésre.

It is clear from these images that the Pz. IV had a hard time in Poland. There are many different figures relating to the number of Pz. IVs lost some are as high as 76. This number is hard to verify as these were probably damaged and not written off, with the majority of them probably ended up at forward workshops like this where they were patched up for more action and the worst returned to the factory for major repair or rebuild.

Két fénykép az 1. páncéloshadosztály egyik kiégett Pz. IV Ausf. C-jéről. A második képen a 8. páncélosszázad azonosítószáma látszik ki a korom alól. Erről az oldalról jól látható, hogy számos találat átütötte a páncélzatot, bemutatva, hogy az a háborúnak ebben az időszakában már viszonylag gyengének számított. Szintén jó rálátásunk lehet a hűtőzsalu három lemezére, illetve arra, hogy a karbantartók „donorként" kiszerelték a jármű meghajtását.

Two views of the same Ausf. C from 1. Pz. Div, which has been gutted by fire. In the image opposite the turret number of 8.Kompanie can be made out through the soot. From this side it is clear that it is peppered with multiple penetrations that reveal the relative weakness of its armour at this point in the war. Also a good view of the three slat engine louvres and the Werkstatt crew canibalising its final drive.

Jobb oldalról szemlélve látható a Pz. IV Ausf. C párhuzamosított géppuskájának jellegzetes páncélozott burkolata, a belső lövegpajzs és az egy darabból készült homlokpáncél. Mivel az antenna fából készült tokjának nagy része elégett, rápillantást nyerünk a küzdőtér ritkán látható szellőztetőnyílására (a tok általában eltakarta a nyílás alsó részét). Figyeljük meg a futómű ütközőbakjait! A korai változatokon csak az első és az utolsó felfüggesztésnél volt ilyen, a képen ezek közül az utolsó változatot láthatjuk, amit az Ausf. D-nél kezdtek el alkalmazni.

Viewed from the right side the Ausf. C distinguishing features of an armoured coaxial MG on an internal mantlet and the single piece superstructure front are clearly visible. With the wooden aerial trough destroyed by fire a rare glimpse of the fighting compartment air intake is possible, the trough usually covers the lower section of the opening. Of note is the suspension damper, early Ausf. only had these on the first and last station but this is of the later style introduced with Ausf. Ds.

Ez a képpár a 10. páncéloshadosztály 8. páncélosezredének két, Stonne-nál kilőtt Pz. IV Ausf. D-jét ábrázolja. A francia területen vívott első főbb villámháborús összecsapások egyikeként ez a terület különösen fontos jelentőséggel bírt. Az ezred Pz. IV-eit 1940. május 15-17. közötti heves harcok során lőtték ki, miközben a város tizenhét alkalommal cserélt gazdát. A „712"-es személyzetét az út melletti töltésen temették el.

This pair of images show two knocked out Ausf. Ds from Pz. Rgt. 8 - 10. Pz. Div. on the edge of Stonne. As one of the first major "Blitzkrieg" battles on French soil this is a particularly important location. On the 15 – 17th of May 1940 these Pz. IVs from Pz. Rgt. 8 were knocked out in heavy fighting as this strategic town swapped hands 17 times. The crew of 712 (above) are buried just out of shot on the top of the bank it has embedded itself in.

A Pz. IV Ausf. D-nél ismét az Ausf. A-nál is használt lépcsős homlokpáncélt alkalmaztak, de már új homlokgéppuskával. A D változatok további jellemzője a külső lövegpajzs és a torony oldalsó kibúvónyílásain található megnövelt, páncélozott kinézőnyílások. A 8. páncélosezred harckocsijaira a „Fall Gelb" hadművelet alatt tartalék görgőt szereltek a felépítmény jobb oldalára. A képen látható páncélos harcászati azonosítószáma „700", a bal oldalon látható jármű a „712"-es.

The Ausf. D saw the return of the stepped superstructure front plate previously used on the Ausf. A but with a restyled armoured cover on the hull MG. Other notable D features were the first external gun mantel and the enlarged armour vision port on the turret side hatches. Pz. Rgt. 8 carried a spare wheel on the right of their superstructure during "Fall Gelb". This D is 700 and the rear of 712 is visible in the background on the left.

1940 júliusában pótpáncélzatot (Zusatzplatten) erősítettek a páncélteknő és a felépítmény oldalára, amely jól látható a 11. páncéloshadosztály Pz. IV Ausf. D-jén. Ez, valamint az a tény, hogy a páncélos tornyán nincs tárolódoboz, azt jelenti, hogy a fénykép 1941-ben a Balkánon készült. A felépítmény oldalán látható szellemlovas a 11. lövészdandárból frissen létrehozott 11. páncéloshadosztály jelvénye lett. A hadosztály 15. páncélosezrede azt követően is alkalmazta a sávval aláhúzott harcászati azonosítószámokat, hogy az 5. páncéloshadosztály hadrendjébe került.

Additional armour plates (Zusatzplatten) were added to the superstructure and hull sides in July 1940. This 11. Pz. Div. Ausf. D has the full set. The fact these are fitted but the turret bin is not means the photo must be from the Balkan conflict in 1941. The ghost rider on the superstructure side is the emblem of the newly formed 11.Pz. Div. and was associated with the 11th Schützen-Brigade. The turret numbers with bars of colour below were continued after Pz. Rgt. 15's attachment to 5. Pz. Div.

Újabb kiváló példa a pótpáncélzatra, jelen esetben valamivel később, 1941-ben a keleti fronton, a „Barbarossa" hadművelet kezdeti szakaszában. A felépítmény elején látható jelzést, amelyet korábban, 1940-ben a 3. páncéloshadosztály járműveire festettek fel, ebben az időben a 20. páncéloshadosztály használta. A kiegészítő páncélzat mellett a két sorban felhelyezett pót lánctagok jellegzetes rögzítése is megerősíti, hogy ez a páncélos ennek a hadosztálynak a járműve.

Another good example of the additional armour, this time a little later in 1941 and on the Eastern front during the early phase of Operation "Barbarossa". The symbol on the superstructure front was used by 20. Pz. Div. at this time, having been previously used by 3. Pz. Div. in 1940. The distinctive style of brackets holding the two rows of tracklinks to the glacis is a specific feature of 20. Pz. Div. in 1941 and along with the Zusatzplatten helps pinpoint this vehicle.

A Nagy-Britannia ellen tervezett „Seelöwe" hadműveletre gyártott, víz alatti átkelésre kialakított Pz. IV-eket Oroszországban vetették be. A 18. páncéloshadosztály 18/7. századának Tauchpanzerén (Merülő páncélos) jól látható mind a torony homlokpáncélja körüli perem, mind a torony alsó szélén körbe futó, felfújható gumigyűrű, illetve a homlokpáncél vízszintes lemezén lévő nyílások szoros lezárására szolgáló karok. A 8. páncélosszázad harckocsijainak mindkét sárvédő lemezére pótgörgőket helyeztek, és a merülő páncélosokról általában leszerelték a kürtöket.

Conceived but never used for Operation "Seelöwe", the invasion of Britain the fully submersible Tauch (diving) version of the Pz. IV was adapted for use in the rivers of Mother Russia. Both the flange around the turret front and the inflatable ring that circled the bottom edge of the turret are evident on this 7./Pz. Rgt. 18 - 18 Pz. Div. Tauch. As is the handle used to hold the glacis hatches shut tight. 8th Kompanie usually had a spare wheel on each fender and, horns were not usually on Tauchs.

A 17. páncéloshadosztály 39/6. páncélosszázadának egy megsemmisített Tauchpanzer IV Ausf. E harckocsija. A jármű elveszítését naplójában részletesen megörökítette Erich Hager, a páncélos rádiósa, aki túlélte a támadást. A kezelőszemélyzet elesett tagjait a Pz. IV mellett temették el. A páncélzatot átütő találat arra utal, hogy a szovjetek közvetlen közelről hajtották végre a kilövést. A Pz. IV mögött, az út mellett a merülő páncélosok hűtőrácsán használt, egyetlen darabból álló fedőlemez látható.

The devastated wreck of a Tauch Ausf. E from 6./Pz. Rgt. 39 – 17. Pz. Div. The demise of this vehicle is thoroughly documented in the diaries of Erich Hager, its radio operator when it was attacked and managed to survive. The crew who didn't survive are buried beside it. The accuracy of the penetrations (one direct hit on the drivers binocular vision device) confirms the attack was at point blank range. To the rear of the tank by the road is the one-piece vent doors used on Tauchs to seal the engine.

Számtalan fénykép készült erről a Pz. IV Ausf. E-ről, amely a Balkán egyik keskeny útján robbant le. Ez a kép kifejezetten megfelel arra, hogy bemutassa az Ausf. E jellegzetességeit, mivel tisztán rá lehet látni a jármű tetejére. Az E változatnak ezen a részén történt a legtöbb változtatás. A jármű új, erősebben páncélozott parancsnoki kupolát és egy szellőzőnyílást kapott, és már csak egyetlen hírközlőnyílás maradt a tetőlemez bal oldalán. A torony hátsó lemezét a gyártás leegyszerűsítése végett egyetlen lemezből készítették, és így a parancsnoknak is több helye lett.

There are numerous images of this Ausf. E broken down on the hairpin corner of a narrow Balkan road. This one is particularly useful in describing the E as it allows an uninterrupted view of the roof, an area where most of the Ausf. E improvements occurred. A new up-armoured cupola was introduced along with a fan and the reduction of signal ports to only one on the left side. The rear plate was tilted upright to allow simple construction from one continuous piece, giving the Commander more space.

A vezető kinéző nyílását megváltoztatták, amely már egyetlen lehajtható elemből állt. Az Ausf. E gyártásának kezdetekor bevezetett pótpáncélzat eleinte csak kis mennyiségben állt rendelkezésre, ezért egyes E változatokon a tartók már megvannak, de a páncélzat még hiányzik. Ezen csak a felépítmény oldalára helyezték fel a 20 mm-es páncéllemezeket. „Elfriede" a 2. páncéloshadosztály 3. páncélosezredéhez tartozott, ám a tornyon látható kisméretű kereszt az egység többi járművén nem látható. Az antennára erősített zászló a műszaki mentést jelzi.

Another difference was the change of driver's visor from the sliding configuration to one that pivoted. Zusatzplatten was to be introduced from the start of E production but poor availability meant it was common on early Es to see brackets but no armour. However, this vehicle has 20mm plates on its superstructure sides. "Elfriede" is from 2./Pz. Rgt. 3 – 2. Pz. Div. but the small crosses are not seen on other vehicles from this unit. The flag on the broken aerial indicates this Pz. IV is for recovery.

Az 1941 végén, a keleti fronton készült képen a 10. páncélosezred (8. páncéloshadosztály) 4. századának egyik Pz. IV Ausf. E-je okozta baleset látható, amelynek eredményeként kisiklott egy tehervonat. Mivel az egység kevés felszerelést málházott fel, így jól látható a felépítmény oldalára, elejére és a teknőre erősített pótpáncélzat. Az alakulat páncélosainak jellegzetessége a torony oldalaira rögzített egy-egy tartalék görgő volt. Az E változaton a váltómű házának nyílászáró fedeleit bele süllyesztették a páncéllemezbe és új csuklópántokkal rögzítették.

This significant incident, somewhere on the Eastern front late in 1941 has seen an Ausf. E from 4./Pz. Rgt. 10 - 8. Pz. Div. caused the derailment of a freight train. The relative lack of stowage used by this unit allows a clear view of the complete set of Zusatzplatten on superstructure front, sides and hull. The only unit specific stowage was spare wheels attached to each side of the turret. Making the glacis brake access hatches fit flush and fitting new hinges was a minor Ausf. E change.

Remek kép a ködfejlesztőről és a pótpáncélzatot rögzítő, kúpos csavarokról. Bár a tárolódoboz takarja, megfigyelhetjük a torony áttervezett hátsó lemezét is. Az egyetlen elemből készült rész alkalmazásával megszűnt a korábbi változatokra jellemző kitüremkedés a parancsnoki kupola alatt. A 10. páncélosezred (8. páncéloshadosztály) 4. századának páncélosain (akárcsak a 8. és a 12. század járművein) csak a századot jelentő 4-es számot festették fel a toronyra, a teljes harcászati azonosítószám csak a kisméretű rombusz alakú lemezeken jelent meg.

A good close up view of the smoke discharger and the conical nuts that fixed the additional superstructure armour. Although difficult to spot with the turret bin fitted the redesigned turret rear is noticeable. The one-piece plate did away with the bulge below the cupola on earlier Ausfs. 4./Pz. Rgt. 10 - 8. Pz. Div. only applied a large Kompanie number (4) on the turret with the full tactical number appearing around the vehicle on rhomboid plates, Kompanies 8 & 12 followed a similar practice.

A 3. páncéloshadosztály 6. páncélosezredének 4. századát Pz. IV Ausf. E harckocsikkal szerelték fel. Az egység járműveire különleges, némileg aszimmetrikus módon rögzítették a felszereléseket. A bal oldalra helyezett négy darab árok-áthidaló deszkát két függőleges pánt tartotta, alattuk négy darab pót lánctagot és a lánc feszességének beállításához használt szerszámot tárolták. A tartalék futógörgőt a páncéltest oldalának hátuljára, egy meghajlított rúdra helyezték.

4./Pz. Rgt. 6 - 3. Pz. Div. was fitted out with Ausf. Es. They had a very specific and slightly asymmetrical stowage system. On the left side four un-ditching planks were stacked on two vertical brackets, below which four individual tracklinks and the idler tool were stowed. To the rear of these a single spare wheel was fitted to the side of the engine deck by a bent rod frame because of this the cleaning rods were moved to the aerial trough.

A páncéltest hátuljának másik oldalára is meghajlított rudakra két tartalék görgőt helyeztek. A teknő oldalára, egy hosszú sínre pót lánctalp került, azonban felettébb szokatlan, hogy csak az egyik oldalra. Hasonló sín tartotta a teknő frontpáncéljára erősített láncszemeket is. A keleti fronton készült képen épp megkezdik a „421"-es kivontatását a laza homokból. Nem egyértelmű, hogy a csillagkerék fogazatának egy része sérülés miatt hiányzik, vagy a műszaki mentés megkönnyítésének érdekében szerelték le.

From the other side two spare wheels on that side of the engine were also attached by bent rod frames. Along the hull side is a run of track, hanging on one long bracket. It was unusual for units to apply a feature like this to only one side of their vehicles. The links slung low across the hull front were fixed by a similar heavy bracket. 421 is being pulled from the fine sandy earth seen on the Eastern front. It is unclear if the sprocket wheel was damaged or its teeth remove to aid recovery.

Péter Kocsis Collection

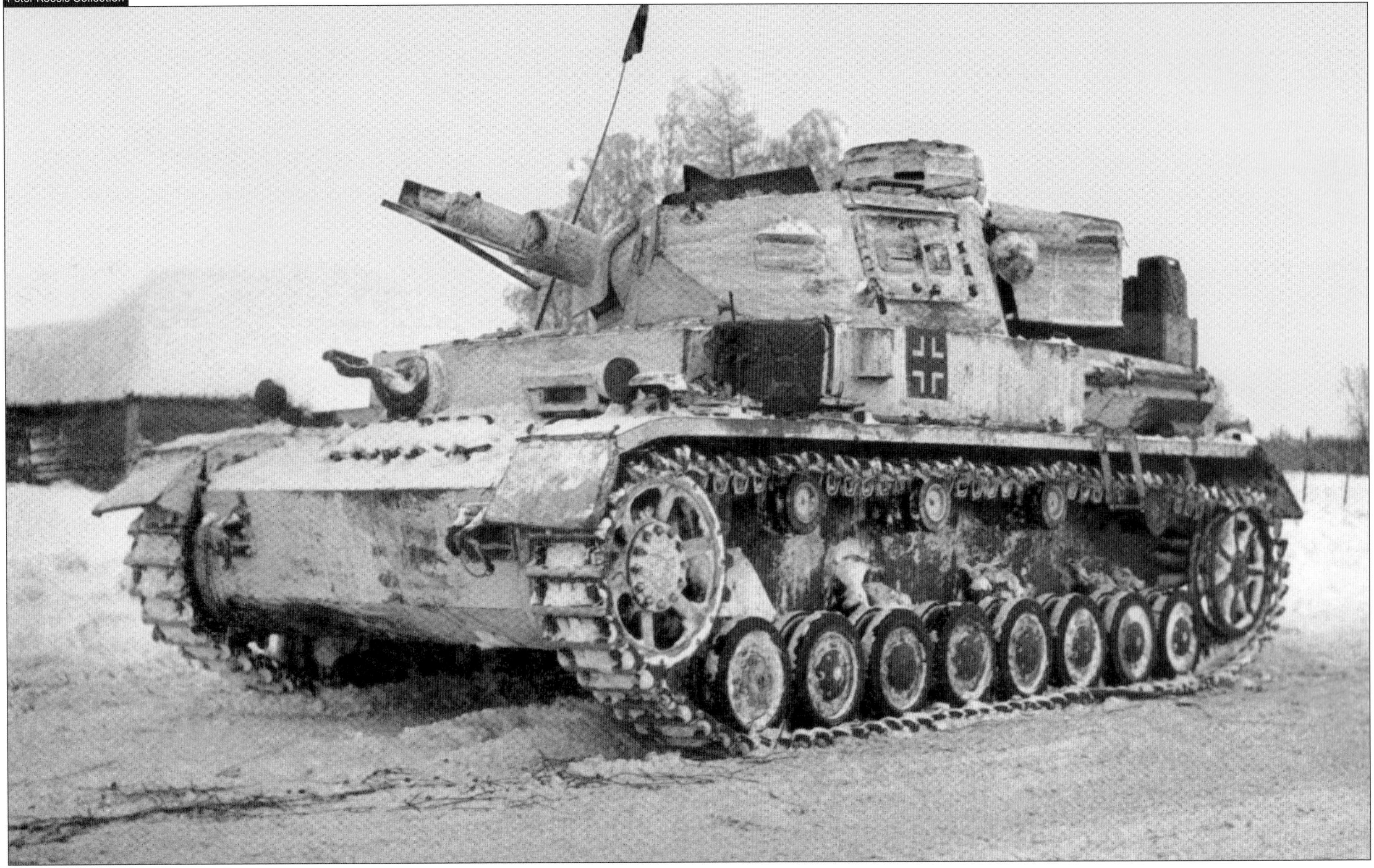

Az 1941 áprilisában rendszeresített Pz. IV Ausf. F-nek hegesztett láncfeszítő kerékkel és szélesebb lánctalppal, illetve futógörgőkkel feljavították a futóművét. Bár a kerékagy öntött fedele megegyezik az Ausf. E-n alkalmazottal, maga a görgő öblösebb lett és szélesebb gumit kapott. A lánctalp szélesítése miatt a csillagkerék szélességét is megnövelték, így az szintén öblösebb lett. A torony oldalán elhelyezett búvónyílásokra a korábban a Pz. III-nál már alkalmazott, kétszárnyú ajtók kerültek.

Coming in to service in April 1941 the Ausf. F sported improved running gear with a welded idler wheel, wider tracks & road wheels. Although the cast hubcaps are identical to those fitted to Es the wheel itself changed with wider tyres and a dished aspect. The increase in track width also necessitated a dished sprocket wheel. Other developments included the change of turret side hatches to a two-piece type that had previously been fitted to the Pz. III.

A Pz. IV Ausf. F-nél visszatértek az egyetlen elemből álló homlokpáncélzathoz, amelyen módosították a vezető kinézőjét. A változtatásoknak köszönhetően az Ausf. F lett az első tömegesen gyártható változat. A „Barbarossa" hadművelet kezdetekor még nem állt rendelkezésre kellő mennyiségben, így leggyakrabban az 1941-1942 telén készült képeken bukkan fel, amikor már nagyobb számban érkezett utánpótlásként. A felvételen az 5. páncéloshadosztály 31. páncélosezredének 4. századához tartozó páncélos látható a „Taifun" hadművelet idején.

The Ausf. F also returned to the one-piece superstructure front with a slightly simplified driver's visor and hull MG. These alterations made the F the first version really possible to mass-produce but they were not available in significant numbers at the commencement of "Barbarossa". Therefore the most common images tend to be in the harsh winter conditions of 1941-1942 when they arrived at the front as much needed replacements. Here seen as part of 4./Pz. Rgt. 31 - 5. Pz. Div. during Operation "Typhoon".

A német Afrika Hadtest (DAK – Deutsches Afrika-Korps) szintén kapott a Pz. IV Ausf. F-ből. A sivatagban a harckocsizók igencsak üdvözölték az 50 mm-es homlokpáncélzatot. Ebből a szemszögből jól látható a csillagkerék tányérja, a váltómű páncélozott szellőzőnyílása és a homlokgéppuska Kugelblende 50 gömbpajzsa. Ezek a háború végéig lényegében már nem változtak.

The Ausf F also arrived as replacements for the Deutches Afrika Korps (DAK), where its 50mm face-hardened frontal armour was welcomed. The dishing of the sprocket wheel is clear from this point of view, as are the armoured vent covers added to the brake access hatches and the Kugelblende 50 hull MG housing. With these changes in place the basic design that would last until the end of the war was now established.

Annak érdekében, hogy megküzdjenek az észak-afrikai körülményekkel, az oda küldött Pz. IV Ausf. F-eket „sivatagosították". Ennek keretén belül két további szellőztető ventilátort építettek a motortérbe és megfelelő álcafestéssel látták el a járműveket. Az 1941-ben áthajózott páncélosok felületének 2/3-át sárgásbarnára (RAL 8000), 1/3-át szürkészöldre (RAL 7008) festették. 1942-ben megváltoztatták a színeket, a felület 2/3-a barna (RAL 8020), 1/3-a homokszürke (RAL 7027) festést kapott.

To deal with the harsh conditions Ausf Fs heading to North Africa were tropicalised. This involved the addition of extra ventilation in the form of two vents on the engine deck and the application of specific camouflage. For vehicles sent in 1941 the colour scheme was 2/3 gelbbraun (RAL 8000) to 1/3 graugrün (RAL 7008). In 1942 the scheme changed to 2/3 braun (RAL8020) and 1/3 sandgrau (RAL7027).

Egy korai gyártású Pz. IV Ausf. F2(G). Az F változathoz képest az egyetlen jelentősebb változtatást a főfegyverzet cseréje jelentette. A kisebb kezdősebességű L/24 löveget a nagyobb erejű, csőszájfékkel felszerelt L/43 löveg váltotta. Az F2 jelölés rövid ideig volt használatban, egy 1942 júliusában kiadott rendelet értelmében az összes (akkori) hosszúcsövű löveggel ellátott Pz. IV az Ausf. G jelölést kapta. Lehet, hogy az adott páncélos a gyárat elhagyva F2 jelölést kapott, de amennyiben „túlélte" az első bevetéseket, már Ausf. G-ként tartották nyilván.

A classic early F2(G). The only significant difference between this and an F was the change of main armament; from the low velocity L24 to the high velocity tank hunting L43 with ball muzzle brake. The reason for this title is the F2 designation was used for a short period in 1942 but a subsequent order was issued (July) where all long barreled Pz. IVs were to be called Gs. So it may have been designated F2 on leaving the production line but if it survived it would ultimately be re-named a G.

Ezen a képen jól látható a gömb alakú csőszájfék. Valamilyen okból a Pz. IV Ausf. F2(G)-re nem szereltek fényszórókat, csak a Notek lámpákat. Összehasonlítva az előző páncélossal, amelyen a helyretoló szerkezet burkolatának széle lecsapott, itt már szögletes ugyanaz a páncélzat – ennek alapján ez a harckocsi a Nibelungen Werke gyártmánya. A hosszabb löveghez hosszabb csőtisztító kellett, ezért két további rudat rögzítettek a felépítmény oldalára. Ez az alakulat azonban áthelyezte azt a motortér hátuljára, helyet csinálva a tartalék futógörgőknek.

A good view of the ball muzzle brake. For some reason Ausf. F2(G)s had no headlights fitted just the Notek black out light. Compared with the recuperator sides opposite that have a chamfered edge these are flat, which may indicate Nibelungen Werke production. The long gun meant more cleaning rods and a second pair were fitted to the superstructure side. This unit has moved them to the engine deck to allow spare wheels to be stored.

A 11. páncéloshadosztály 15/III. páncélososztályának két Pz. IV Ausf. F2(G) harckocsija műszaki mentés közben. A torony oldalán látható az egység által 1942 nyarán használt jelzés, amely egy vadkan fejét ábrázolja. A hadjárat idején készült fényképeken a Pz. IV-ek zömének világos alapszíne volt. A RAL 8020 és RAL 7027 egymástól alig megkülönböztethető színeiből álló álcázófestés sokkal elterjedtebb volt, mint azt feltételeztük, mivel számos kép bukkant fel a Nibelungen Werke üzeméről, amelyeken frissen festett páncélosok láthatóak.

A pair of III./Pz.Rgt.15/11.Pz. Div., Ausf. F2(G)s under go a basic recovery. Although hard to see through the dusty exterior the symbol of a boar's head was applied to the turret side by this unit during the summer of 1942. The majority of images during that offensive show Pz. IVs with a light base coat. This low contrast tropical scheme of RAL8020 & RAL7027 appears to be much more wide spread than previously thought and images in and around the Nibelungen Werke factory show it freshly applied.

A főfegyverzet cseréjével megváltozott a Pz. IV feladata is. A rövidcsövű változatok elsősorban a gyalogság támogatására szolgáltak, a harckocsik ellen a Pz. III-okat használták. A hosszúcsövű löveggel felszerelt Pz. IV-ek azonban már sikerrel vehették fel a küzdelmet a T–34-ekkel és a KV nehézharckocsikkal szemben. Az új feladatkör ugyanakkor felszínre hozta a Pz. IV hibáját is, a homlokpáncélzat elégtelennek bizonyult. Az L/43 löveg pontossága és kiváló optikája nagyobb távolságból lehetővé tette az ellenséges célpontok leküzdését, de a páncélos védtelennek bizonyult a legtöbb páncéltörő fegyverrel szemben.

The change of main weapon also led to a change of role. With the L24 kurz the Pz. IV operated mainly as infantry support with the Pz. III designated the tank v tank role. Now that it had the punch to take on T-34s & KVs it was thrown into the teeth of Eastern front tank combat. The new role exposed the relatively thin frontal armour the Pz. IV still suffered. The L43s accuracy at range and excellent optics meant it could keep most enemies at arms length but it was vulnerably to most anti-tank fire.

Pierre Tiquet Collection

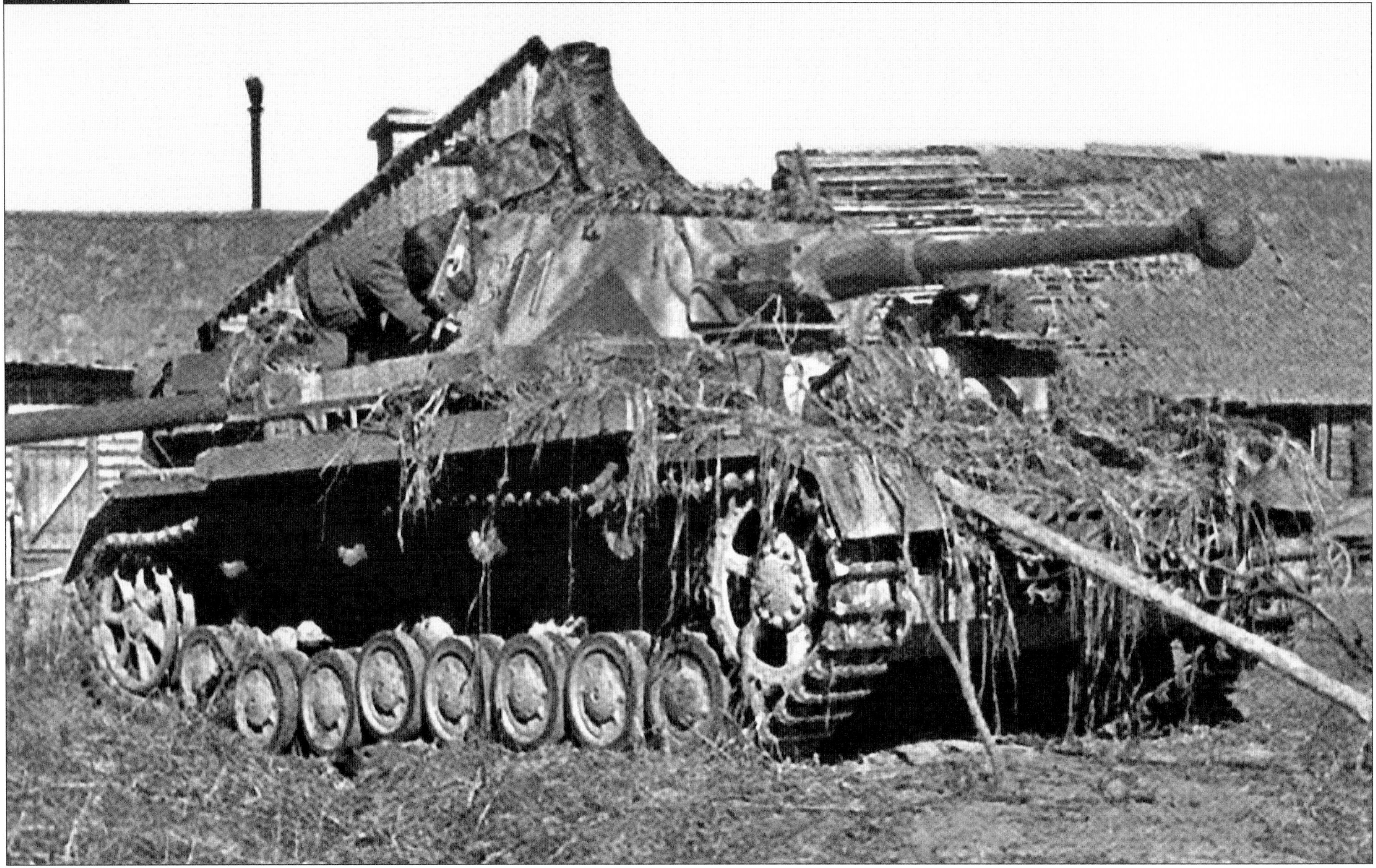

Bár a Panzer-Abteilung z.b.V. 66 egyike volt azon alakulatoknak, amelyek elsőkként kapták meg az új, hosszúcsövű Pz. IV-eket, a járművek között voltak példányok, amelyeknek már leegyszerűsített tornya és kiegészítő homlokpáncélzata volt. Az egységet a Málta elleni tervezett invázió céljából szerelték fel páncélosokkal, végül a keleti frontra küldték. Ezen páncélosok jellemzője az öt férőhelyes üzemanyagkanna-tároló, és a bal oldali három tartalék futógörgő. Az azonosítószám első jegye a parancsnok nevének (Bethke) kezdőbetűje, egy „B” betű volt.

Although z.b.V. 66 was one of the early units to be issued the new long barreled Pz. IVs some, like the one here, already had simplified turrets and additional frontal armour. They received them in preparation for the aborted invasion of Malta before being sent to the Eastern front. The unit carried a bracket for 5 jerry cans on the right fender plus three spare wheels on the left and had the unusual practice of adding the letter B to their turret numbers. This was after their commander Bethke.

A téli fehér álcázófestés eltakarja a z.b.V. 66 különleges jelzését. Látható a bal oldalra helyezett három tartalék futógörgő és a torony tárolódobozának oldalára rögzített doboz. A hiányzó oldalsó kinéző megerősíti, hogy ez már az egyszerűsített torony, ugyanakkor a ködgránátvetők még a helyükön vannak. Ez alapján feltételezhető, hogy a különböző gyárak nem egyszerre kezdték el alkalmazni az új tornyot és a kiegészítő páncélzatot. Mindezek, illetve a helyretoló szerkezet burkolatának lecsapott széle alapján ez a harckocsi valószínűleg a Krupp gyárában készült.

The unit now has a patchy coat of white wash covering its distinctive markings. From the left its stowage of three wheels and the attachment of a box to this side of the turret bin are visible. Also the lack of side vision ports indicates a simplified turret even though the smoke discharger is still in place, which indicate one factory appears to have had this turret and additional armour earlier than the others. The association between this and chamfered recuperator sides may indicate Krupp.

A „Großdeutschland" hadosztály kiégett páncélosának roncsa. Az alakulat jelzése, a rohamsisak éppen kivehető a bal sárvédőn, a zsanér felett. A páncélteknő és a felépítmény homlokpáncélzatára erősített pót lánctagok elhelyezésének módja szintén segít az egység beazonosításában: a tartópántokat a vízszintes páncélon lévő szerelőajtó csavarjaival rögzítették. A „GD" harckocsijain a torony hátsó tárolódobozának két oldalára is felfestették a rohamsisakot, illetve egy keresztet a szellőző ventilátor páncélburkolatára.

This burnt out wreck is from the "GD". The units steel helmet emblem is just visible on the left fender just above the mudflap hinge. This helps identification but the style of brackets holding the tracklinks to both the hull and superstructure fronts are unique to this unit. Both brackets used the bolts for the main glacis hatch as attachment points. As well as these features the unit also carried two helmets on either side of the turret bin and had a cross on the armoured vent cover.

Az észak-afrikai sivatagban megjelenő hosszúcsövű Pz. IV-eket a brit csapatok „Mark 4 Special"-nak jelölték. Annak ellenére, hogy csak kis példányszámban állt rendelkezésre, az angolok elsődleges célpontnak tekintették. Ennek eredményeként a „DAK" kénytelen volt különleges harceljárást alkalmazni, és más páncélosokkal biztosítani a Pz. IV-eket. Mivel ez volt Németország akkori legnehezebb páncélosa, műszaki mentéséhez, illetve szállításához elsősorban az Sd. Kfz. 9 vontató és Sd. Ahn. 116 mélyrakodó kombinációját alkalmazták.

When the long barreled Pz. IV arrived in the N. Africa desert they were called "Mark 4 Specials" by the British troops who faced them. Even though they were few in number, due to their accuracy killing power and distinctive profile they became key targets whenever they were spotted. The result was the DAK had to adopt specific tactics for their use, screening them with other tanks. As Germany's heaviest panzer the main means of recovery and transport was the Sd.Anh.116 and Sd.Kfz.9 combination.

A felszerelések elhelyezése alapján a 43. oldalon lévő roncs ugyanannak az alakulatnak a járműve, mint az itt látható harckocsi. Ez a fénykép jól mutatja a Pz. IV Ausf. F bevezetésével megjelenő változtatásokat. Ha összehasonlítjuk a 29. oldalon található képen szereplő Pz. IV-sel, tisztán látszik, hogy a kipufogó rövidebb lett, a toronyforgató motor kisebb, kiegészítő kipufogója pedig át lett helyezve a farlemez alsó részére. Mivel a tartalék görgőt a motortér jobb oldalára rögzítették, a lánfeszítő beállításához használt szerszámot a ködfejlesztő fölé illesztették.

Stowage indicates the wreck on p43 is from this unit. This rear shot shows the major changes to the exhaust layout, which were introduced with the Ausf. F. When compared with the image on p29 it is clear the main muffler has reduced in length and the smaller auxiliary muffler for the turret traverse engine has move down into that space on the rear plate. With the fitting of a spare wheel to the right side of the engine we can see why the idler tool was moved to a location above the smoke discharger.

Hátulról látható a ködfejlesztő is. Ezt a Pz. IV Ausf. F esetében a hátpáncél bal oldalára rögzítették, majd az Ausf. G gyártása során már teljesen elhagyták. Az erre vonatkozó utasítás már 1942 februárjában napvilágot látott, de a néhány üzemben még rendelkezésre álló készleteket továbbra is felszerelték. A 21. páncéloshadosztály 5. páncélosezredének „215"-ös toronyszámú harckocsiját a második el alamein-i ütközet után zsákmányolták, itt már egy angol raktárban látható. Az nem tisztázott, hogy miért változtatták meg az eredeti „411"-es számot.

From the rear the smoke discharger can also be seen. This was moved to the left side of the rear plate for Ausf. F production and phased out through the Ausf. G run. The order to delete this was given in February 1942 but stock was still available at some factories so the implementation of this order was not uniform. 215, which was from Pz. Regt. 5 - 21. Pz. Div.was captured after the second battle of El Alamein and is seen here in a British depot. Why the turret number was changed from 411 in unclear.

Péter Kocsis Collection

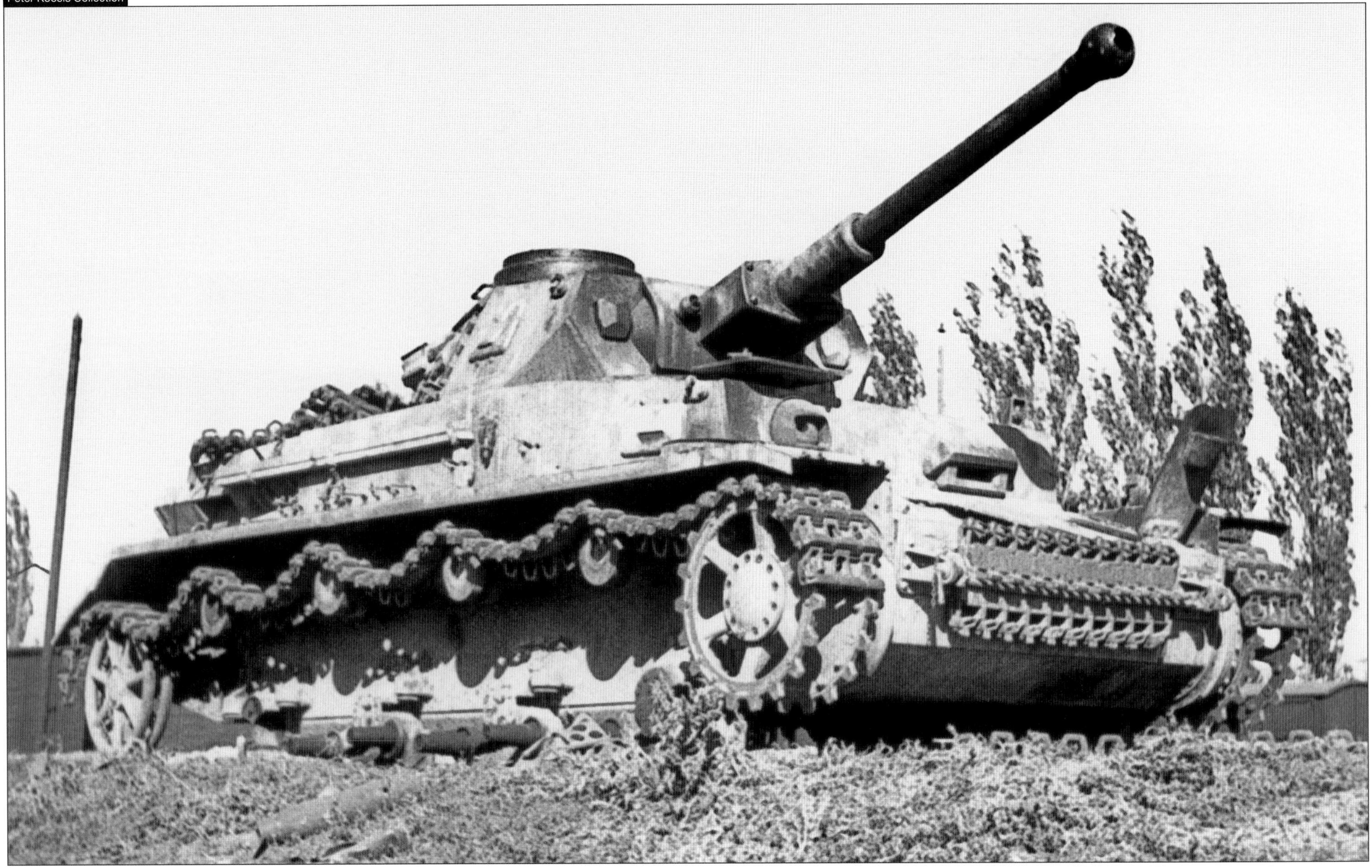

Mint sok más hátrahagyott járművet, ezt a kosszal borított Pz. IV Ausf. F2(G)-t is megfosztották a használható alkatrészeitől, mielőtt végrehajtották volna a műszaki mentését. Elsőként általában a futógörgők és a szerszámok tűntek el. A csillagkerék csavarjait is kiszedték, valószínűleg az egész kereket le akarták szerelni. A futógörgők hiányában szemügyre vehetjük a többnyire láthatatlan laprugós felfüggesztési rendszer részleteit és az ütközőbakokat.

Like a lot of abandoned vehicles this filth covered Ausf F2(G) has been picked for spares before a full recovery was possible. Road wheels and tools were usually the first to go. The bolts around the sprocket have also gone indicating an attempt to remove it. With the road wheels removed it is possible to study details of the spring leaf suspension system and bump stops that are usually out of sight.

Egy beazonosítatlan egység Pz. IV-én olyan tartalék futógörgő tartót láthatunk, amely hasonlatos a később gyártott Sturmpanzeren felbukkanó megoldáshoz, illetve egy tárolódobozt a motortéren keresztben elhelyezve. Minden bizonnyal a motortér jobb oldalára is került valami, tekintve, hogy az üres csatok alapján a láncfeszességet állító szerszám a csőtisztító fölé került. A harcászati azonosítószám nagyját sár fedi, de talán "42?" lehet. A 37. oldalon látható páncéloshoz hasonlóan ennek a harcjárműnek is szögletes a helyretoló szerkezet páncélozott burkolata.

This unknown unit has mounted a distinctive spare wheel rack of a style reminiscent of later Sturmpanzer production along with a box running across the engine deck. It may also have had something fitted to the right side of the engine deck as empty brackets indicate the idler tool has been moved to above the cleaning rods. The turret numbers are obscured by mud but may be 42? Similar to the vehicle on p37 it has flat sides to its recuperator housing.

A motortér hátfalára rögzített füstfejlesztő és a torony oldalsó kinézője alapján ez a páncélos egy korai gyártású Pz. IV Ausf. F2(G). Figyeljük meg, ahogy a feszítővas a fogantyún áttolva, a zsanérba akasztva tartja a motor felnyitott hűtőjét. A parancsnoki kupola hátulján látható alkalmatosság egy egyedi megoldás a légvédelmi géppuska felszerelésére. Ezt egy rövid csőbe dugták, ami 1941-42-ben a legtöbb Pz. IV-en megtalálható volt.

The rear armoured smoke discharger is fitted in conjunction with the side turret visors, which would make this an early F2(G). Note how the engine fans are propped up by the long crow bar, which was passed through the handle and wedged into the hinge. The post at the rear of the cupola was an occasional feature used to mount an AA MG. It was fitted into a short section of pipe welded to the cupola lip, which had been added to most Pz. IVs during 1941-42.

A Pz. IV Ausf. G egyik első változtatása a tornyon történt: az oldalsó és jobb első kinézőket elhagyták a gyártásból. A helyretoló szerkezet letört szélű burkolata Krupp gyártásra utal. A fényképen tisztán kivehető, hogy a lövegcső sötétebb árnyalatú, mint maga a jármű. Az ebben az időszakban készült képek áttanulmányozása arra enged következtetni, hogy a lövegeket valamilyen okból kifolyólag csak hőálló szürke lakkréteggel vonták be, mielőtt a kész páncélosok elhagyták volna a gyárat.

Some of the first improvements on the Ausf G were to the turret. Here we see the deletion of its side and front right vision ports. The edges of the recuperator housing are chamfered, which may indicate a Krupp production vehicle. It is very clear in this image that the main gun barrel is significantly darker than the rest of the vehicle. Study of period photographs have lead to the conclusion that for some reason barrels were left in heat resistant grey lacquer when vehicles left the factory.

A 10. páncéloshadosztály egyik (Nibelungen Werke, 1942. decemberi gyártású) Pz. IV-ét az útról az El Guettar völgy harcainak egyik veszteseébe, egy Tiger roncsába tolták. A gyártóra utal az, hogy a lánctalpat fordítva helyezték fel, valamint az antennavédő keret nincs meghajlítva. A parancsnoki kupola előtt egy kiegészítő lemez van; ez csak egy rövidtávú megoldás volt azt megelőzően, hogy megkezdték a megerősített tetőlemez gyártását.

A December Nibelungen Werke production vehicle from 10.Pz. Div. pushed off the road into a Tiger carcass, one of the losers from fighting in the El Guettar Valley. There are two distinguishing feature of Nibelungen Werke production at this point; fitting their tracks backward and the aerial deflector was mounted horizontally where the other factories bent it down. This vehicle also has a roof plate fitted in front of the cupola. This was a short-term solution prior to the mounting of a new up-armoured roof.

Az „522"-esen már felfedezhetőek a későbbi gyártásra utaló jegyek, mint például a tartalék futógörgők tárolója, de még nincs Bosch fényszóróval felszerelve. Ezeket 1942 szeptemberétől kezdték el alkalmazni, nagyjából ez idő tájt készülhetett ez a páncélos is. Az alvázszámok vizsgálata alapján a Vomag kezdte el utolsóként a fényszórók felszerelését, még 1942. decemberi gyártású járművük is látható nélkülük. Az alulra helyezett leghosszabb csőtisztítórúd is azt sejteti, hogy a harckocsi a Nibelungen Werke-nél, vagy a Vomagnál készült.

522 has some mid production features such as the spare wheel bin but no Bosch headlight fitted. The order to add these was given in September 1942 so they could be in place by this stage. An examination of chassis numbers indicate that Vomag were last to fit the new headlights with vehicles produced as late as December still seen without them. The cleaning rods with the longest on the bottom help pinpoint either a Nibelungen Werke or Vomag vehicle.

Végül a Pz. IV Ausf. G gyártása során egységesítették a felszereltséget. Ezeket mind megfigyelhetjük a következő öt fényképen, amelyek a „Leibstandarte SS Adolf Hitler" SS-páncélgránátos-hadosztály Harkov elleni támadása során készültek. Egyszerűsített torony, két Bosch fényszóró, 30 mm-es kiegészítő páncélzat a páncélteknő és a felépítmény homloklemezén. Utóbbi esetében a pótpáncél két lemezből állt, amelyek a homlokgéppuskánál találkoztak, az előbbit pedig a vonószemeknél rögzítették.

In the middle of Ausf G production it finally settled down to a uniform set of elements. These can all be seen on the following 5 pages of "LSSAH" vehicles taken during their struggle for Kharkov. As well as the simplified turret two Bosch headlights were fitted, plus additional 30mm armour welded to hull and superstructure fronts. The superstructure plate was in two pieces, divided around the hull MG with a cut-out above the driver's visor. On the hull front it was fitted around the tow points.

Amint azt az 50. oldalon említettük, az antennaterelő beállítása gyáranként változott. Itt lefelé van hajlítva, ami arra utal, hogy a páncélos a Kruppnál vagy a Vomagnál készült. A csőtisztító rúd felhelyezése és a Bosch fényszórók kábelezése minden gyártónál eltértek. Itt a kábel hátrafelé van hajlítva, tehát Vomag gyártmány. A Niebelungen Werke-nél ez előre volt hajlítva, a Kruppnál a fényszóró mögé. A Bosch fényszórók kábelezésének, az antennaterelő beállításának és a csőtisztító felhelyezésének összevetésével megállapítható a gyártó cég.

As mentioned on p50 the aerial deflector angle signified different factory productions. Here it bends down denoting either Krupp or Vomag. Other factors were the cleaning rods and the angle of the Bosch cable which was different for each factory and is a therefore a key indicator. Here it is angled backward, which indicates Vomag, angled forward it was Nibelungen Werke, if it bent back on itself it was Krupp. Therefore Bosch cable, aerial deflector and rods combined help find the specific factory.

A gömb alakú csőszájféket kétkamrás csőszájfékre cserélték. A Pz. IV Ausf. G gyártása során a pót lánctagok és tartalék futógörgők elhelyezését is egységesítették. 1942 júliusától a homlokpáncél vízszintes elemére hét pót lánctag rögzítésére alkalmas tartókat erősítettek és a páncélteknő frontlemezén is egységesítették azokat. A felépítmény bal oldalára egy szabványosított tárolót illesztettek, amelyben két tartalék futógörgőt lehetett elhelyezni. A változtatásokat azonban most sem egyszerre vezették be a gyárakban.

The ball muzzle brake was replaced with a double baffle version. Stowage of tracklinks and spare wheels was also formalised at this point of Ausf G production. Brackets were attached to the glacis plate for seven links since July 1942 and now their fitting across the hull front was also standardised. A bin for two wheels was fitted to the left superstructure side. Again this addition was carried out erratically from factory to factory.

Jól láthatóak a csőtisztító rudak bal hátsó nézetből. Ezek felfogatására kétféle megoldás létezett: a Krupp a képen is láthatót alkalmazta, amikor a négy, vízszintesen elhelyezett rúd közül a leghosszabb került felülre, a Vomag és a Nibelungen Werke esetében a rudak felfeküdtek a motortér oldallemezére és a leghosszabb rúd legalulra került. A „626"-oson az emelőt a jobb sárvédőről áthelyezték a motortér farlemezére.

Viewed from the left rear the gun cleaning rods are visible. There were two types of brackets; Krupp used the ones seen in this images where the four rods are stacked vertically with the longest one on the top, Vomag and Nibelungen Werke both used a style that followed the angle of the engine deck with the longest at the bottom and titled out slightly. 626 has moved its jack from the right fender to the engine rear plate.

Ezen a képen három Nibelungen Werke jellegzetesség is felbukkan: fordítva felhelyezett lánctalpak, egyenes antennaterelő és a lemezre felfekvő csőtisztítórudak. Az „LSSAH" "625"-ösén a tartalék futógörgők mögé egy tárolódobozt erősítettek, akárcsak az alakulat Pz. IV Ausf. G-inek többségén. A parancsnoki kupolára egy ponyvával lefedett légvédelmi géppuskát helyeztek. A toronyra ködfejlesztőket szereltek, a parancsnoki kupola a korai, kétfelé nyíló változat.

Three Nibelungen Werke features are apparent here: backwards tracks, the horizontal aerial deflector and the cleaning rods with the bottom one angled out. LSSAH 625 carries a box behind its spare wheel bin, which was the case on the majority of this unit's Ausf Gs. It also has an Anti-Aircraft (AA) MG attached to the cupola pole, which has a cloth draped over it. Smoke candles are attached to the turret cheeks alongside the old cupola, with split hatch.

A torony oldalára rögzített emelőkampó alatt egy kisméretű, kúpos csavarfej látható, amely a füstfejlesztő kábelének kimeneti nyílását zárja le. Ez arra utalhat, hogy bár a torony gyártásakor már számoltak a ködfejlesztők használatával, azok még nem álltak rendelkezésre. A Nibelungen Werke 1943 januárjában kezdte el a felszerelésüket, még a kétfelé nyíló parancsnoki kupola alkalmazása mellett, a Krupp viszont csak márciusban, már az új kupolával, illetve új tetőlemezzel. A Vomag csak a köténylemezek rendszeresítésekor kezdte el ezek használatát.

One small but significant element is present in this image. Just below the turret lifting-hook there is a small conical bolt, it is filling the hole where the cable for the smoke candles exited the turret. This indicates that the candles were not available even though the turret was prepared for them. Nibelungen Werke fitted them first in January 1943 on vehicles with the two-piece cupola lid, Krupp didn't fit them until March along with the new cupola and roof and Vomag? Not until Schürzen was available.

Péter Kocsis Collection

Ez a Pz. IV Ausf. G (Krupp, 1943. március) más képek segítségével beazonosítható a Bosch fényszóró kábelezése alapján. Az időpont meghatározásában segítenek a füstfejlesztők, a fordítva elhelyezett fejsze és a szélesebb, erősebb páncélzattal ellátott, egyajtós parancsnoki kupola. Ezeket az új elemeket a Kruppnál kezdték el először alkalmazni, a szerszámok átrendezett elhelyezésével és az új szerszámcsatokkal egyetemben. Érdekes, hogy a helyretoló szerkezet burkolatáról hiányzik két csavar, illetve, hogy a búvónyílásokra fogantyúkat szereltek.

This Ausf G was constructed by Krupp in March 1943. Although not visible here other images show their style of Bosch cable. Date specific features are the smoke candles and the flipped axed along with the new wider up-armoured cupola, with the one-piece hatch. Krupp fitted this new feature first and introduced new tool placement and clamps markedly earlier than the other factories. Interesting details are the missing bolts from the recuperator and the handles on the hatches, added for winter use?

A fényképen fellelhető Pz. IV Ausf. G gyártásában bekövetkező változás: a „825"-ös a gyártási időszak közepén készült, amit a csapatoknál láttak el köténnyzettel. Az új parancsnoki kupolát és tetőlemezt az összes gyárban a köténylemezek alkalmazása előtt kezdték el használni. A „8?2"-es azonosítószámú páncélos egy kései gyártású G változat. Az antennát áthelyezték a páncéltest hátuljának bal oldalára, a levegőszűrőt (Filtzbalgfilter) a felépítmény jobb oldalának közepére. A parancsnoki kupola nyílása már egyetlen elemből áll, ez a Vomag gyártásra utal.

This photo shows the start and finish of G production with Schürzen. 825 is a mid G that was upgraded with Schürzen in the field. It can be identified by the split hatch, all factories had fitted the new roof and cupola prior to Schürzen introduction. 8?2 is a late G; aerial moved to the left rear and Filtzbalgfilter on the right side. It also has the new cupola with one-piece lid, which opens rearwards on this vehicle. This direction of opening is more commonly seen on Vomag vehicles.

Péter Kocsis Collection

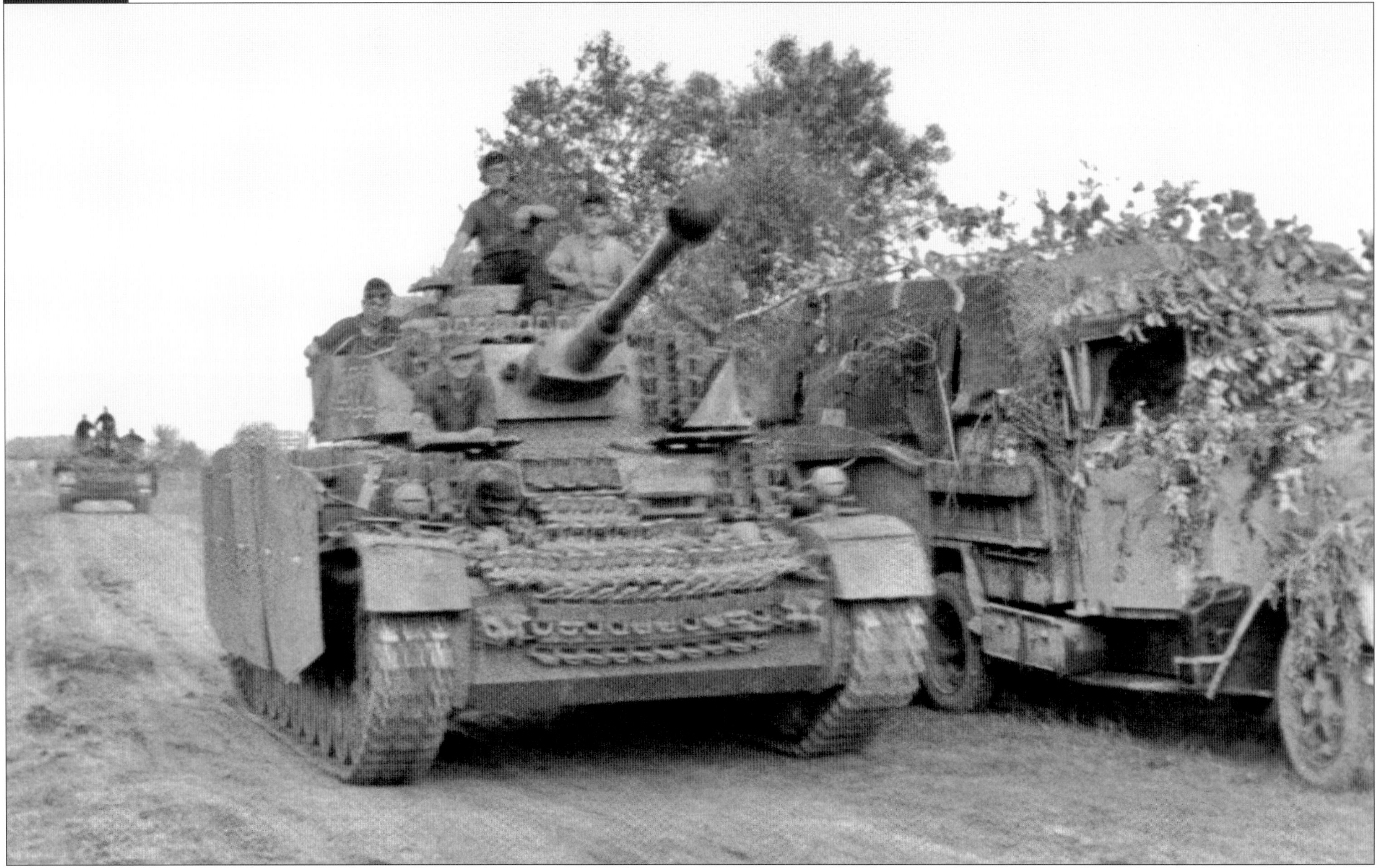

Korai gyártású kiegészítő, homlokpáncél nélküli Pz. IV Ausf. G, amelyen feljavítást végeztek – teljes kötényzettel látták el a páncéltesten és a tornyon. Ezek a feljavítókészletek a torony esetében egyszerűbbek voltak a gyári kivitelnél, mivel a tartó elemeknek nem volt belső megerősítése. A harckocsi álcafestése és azonosító számának stílusa a 20. páncéloshadosztály által Kurszknál használtakra emlékeztet. Az ebben az oszlopban haladó többi Pz. IV-ről készült képeken a páncélosok a harcászati azonosítószámuk alapján a 2. századhoz tartoztak.

A very early G with no additional frontal armour, which has had considerable updating including being given a full set of Schürzen on turret and hull. The turret brackets on upgrades were much simpler than the factory produced sets having no fillets to support them. The markings and camouflage scheme is reminiscent of 20. Pz. Div. during Kursk. Other Pz. IVs in this convoy passing the same tired old softskin carry the turret numbering of the 2nd Kompanie.

Ugyanannak az alakulatnak egy másik Pz. IV Ausf. G páncélosa, amely az antennaterelője alapján egy későbbi gyártású, Kruppnál készült példány. Figyeljük meg a függőlegesen egymás felé helyezett csőtisztító rudakat és az antennaterelő állásszögét! A páncélosról hiányoznak a kötény tartósínjei és rögzítői. A köténylemezeket a szovjet páncéltörő fegyverek hatásának csökkentése érdekében rendszeresítették. Akárcsak a többi merev páncélzat, ez is önmaga „feláldozásával" térítette el a lövedéket.

Another vehicle from the same unit, this time the presence of an aerial deflector indicates it is a later Ausf G, assembled by Krupp. Note the vertically stacked cleaning-rods and the angle of the aerial deflector. It is missing the rails and brackets for its hull Schürzen. The addition of Schürzen skirts was implemented to diminish the impact Soviet anti-tank rifles were having. It worked like all stand off armour to alter the impact of the projectile by sacrificing itself.

A következő két Pz. IV Ausf. G a Vomagnál készült, amelyeken rövidéletű változtatásokat láthatunk. (a parancsnoki kupola jobb oldalra nyíló ajtaja, a torony oldalára szerelt füstfejlesztők) A Vomag csak 1943 májusában szerelt fel füstfejlesztőket, és csak olyan páncélosokra, amelyekre kötényzetet is tettek. A vezető kinézője felett még látható a pótpáncélzat kivágása, amelyet a Nibelungen Werke-nél ebben a hónapban gyártott járműveken már nem alkalmaztak. A Krupp szintén gyártott jobbra nyíló parancsnoki kupolát. A kép Jagodnajában készült.

Both these Gs were assembled by Vomag, at the same point. They have two short lived features; the cupola hatch opening to the right and smoke candles on the turret cheeks. Vomag only fitted the candles for a brief period and only on vehicles with Schürzen fitted, probably during May. They still have a cutout above the driver's visor, which was filled by Nibelungen Werke in the same month. There is evidence that Krupp also fitted hatches that opened to the right. The location is indicated as Yagodnaya.

Egy Vomag gyártmány, a harcjárművezető kinézőjére írt gyártási számmal. A csőtisztító rudak ugyan hiányoznak, de tartóik alapján a leghosszabb rudat legalulra kellett bemálházni. Szokatlan a páncéltest kötényzetének „sérülése" – hacsak nem a kezelőszemélyzet csinálta, hogy csökkentse annak kilógását. A hiányzó két középső köténylemez biztosította rálátás alapján a köténytartó sín az egyszerűsített változat (lásd 85. oldal). Figyeljük meg a torony első (korai kivitelezésű) köténylemezét tartó két csavart és az erősítést a tartó elem belsejében!

March/April Vomag production confirmed by Fgst Nr 840?? by the driver's visor. Although the cleaning rods are missing the bracket is the type that stored the long one on the bottom. This type of "damage" to the hull Schürzen shield is unlikely unless the crew did it, possibly to mitigate snagging. Judging by the glimpse allowed by the missing shield the two central rail brackets are of the simple solid variety (see p85). Note the two bolts holding the front turret bracket on initial Schürzen and the fillets in its brackets.

Ezen a korai Ausf. G-n felismerhető az „LSSAH" Kurszknál használt számozási rendszere. A csőtisztító rudak alapján a páncélos a Kruppnál készült, bár szemből készült fényképek Vomag gyártásra utalnak, amely átvette ezt a megoldását. A köténylemez első ajtaján lévő kilincs szintén erre a két gyártóra utal, mivel a Nibelungen Werke ezt fordítva szerelte fel. Jól kivehetőek a sárvédő szélére erősített, köténylemezeket tartó fülek. Sérülékenységük magyarázatot adhat az utolsó oldalon található megoldásra, és hiányukra számos kései gyártású Ausf. G-n.

LSSAH's unique Kursk numbering system is clear on this Ausf. G. A peek at the cleaning-rods suggests it was assembled at Krupp. However images from the front show it to be Vomag. It illustrates a point in production when Vomag adopted the Krupp rods. The latch on the front Schürzen door also indicates Vomag or Krupp as Nibelungen Werke reversed this fitting. A view this close reveals the small tabs the shields hung on and this precarious nature may explain the modifications seen on the last page and why lots of late Gs are without them.

Mivel a felépítmény jobb oldalára egy légszűrő került, és az antennát át kellett helyezni a bal oldal hátuljára, a három pót lánctagnak már nem maradt hely a sárvédőn. Ezeket utóbb a motortér hátfalára rögzítették, de úgy tűnik, csak a Nibelungen Werke esetében – a két másik gyártó egyszerűen elhagyta őket a gyártásból. Az ásó szintén áthelyezésre került, s gyártól függően más és más irányba nézett: a Nibelungen Werke esetében előre, a Krupp és a Vomag esetében hátrafelé nézett.

With the introduction of the filter to the right side the aerial was moved to the left rear and there was no longer room for three individual track links on the fender. It was thought these were later moved to the engine rear. However, it appears that only Nibelungen Werke actually did this and the other factories just excluded them from production. The spade was also relocated at this point. The direction it was mounted is also factory specific; facing forwards Nibelungen Werke and backwards Krupp & Vomag.

Újabb két fénykép a Nibelungen Werke kései Pz. IV Ausf. G páncélosairól, amelyek 1943 áprilisában készültek. Az antennát már áthelyezték, de még két Bosch fényszórót alkalmaztak. A lánctalp hátsó részének körvonala láthatóvá teszi, hogy fordítva rakták azt fel. A páncélteknők homloklemeze már hegesztett, a felépítményé azonban még csavarozott. A pót lánctagokat még mindig egy keresztrúd tartja a helyükön, holott a két másik gyártó már korábban lecserélte ezt két-két kisebb, „T" alakú rögzítőre.

Two more images of Nibelungen late Gs with the aerial moved and two Bosch lights still fitted. The backwards tracks are easy to spot on the silhouetted rear edge. The hull frontal armour is welded although bolts appear on a superstructure front with no cut out above the visor. A bar is still in use to hold the hull tracklinks in place when other factories had replaced it earlier by two small T fixings. These features put their production around May showing an early introduction of the aerial move.

Oldalnézetből jobban szemügyre vehetjük a toronykötény ajtaját, s azt láthatjuk, hogy a kilincs a hátsó ajtón, az akasztó az elsőn van – pont az ellentétje a korábban már bemutatott Krupp és Vomag által gyártott változatnak. Ebben az időszakban a torony köténylemezének tartóit csak két-két csavar rögzítette, és a füstfejlesztőket már nem szerelték fel a Pz. IV-ekre. Nagyjából ekkor hagyták el az antennaterelő alkalmazását is. A fényképen egy ismeretlen alakulat páncélosai láthatóak Olaszországban.

This side view allows better analysis of the Schürzen doors. It shows they have the lip on the front section and the latch to the rear, the opposite of Krupp and Vomag production Pz. IV's already seen. At this stage of assembly turret brackets were still being held in place with only two bolts per bracket. It is also worth noting that smoke candles have been discontinued. The aerial deflector was dropped around this time. These images come from Italy and show vehicle from an unidentified unit.

Ezen a két fényképen a 16. páncéloshadosztály Olaszországban kilőtt harckocsija látható. A „700"-as toronyszámú Pz. IV számos, az előző oldalakon bemutatott Nibelungen Werke gyártású páncélosokra hasonlító jellegzetességgel bír, mint például a hegesztett és csavarozott páncélzat vegyítése, stb. A különbséget a korábbi „S" alakúról „C" alakúra változtatott vonószem, a hátsó páncéllemezről hiányzó pót lánctagok és a toronyköténynet ajtajának fordított zárelrendezése jelenti. A torony elejére erősített gyűrűk a 7. század jellegzetessége volt.

These two images show the same KOed Vomag production vehicle, from 16. PzDiv, during the Italian campaign. They show 700 has many features similar to the Nibelungen Werke vehicles on the previous page, the same configuration of welded and bolted armour etc. What is different is the change from S to C-hooks, the lack of individual tracklinks across the rear plate and the opposite arrangement of turret Schürzen doors. The loops on the turret front were specific to the 7th Kompanie.

Az 1943 májusában gyártott Pz. IV-ek mindhárom gyárban vízszintesen nyíló parancsnoki kupolával készültek. A nyitás iránya viszont szokatlan módon eltérő volt. Ezen a képen balra előre, más esetekben (például a 72. oldalon) jobbra előre, vagy (például a 78. oldalon) hátrafelé nyílt. A két nagy riválist egymás mellet látva, összehasonlíthatjuk őket fizikai valójukban is. Annak ellenére, hogy egy „súlycsoportba" tartoztak, világosan látszik, hogy a Sherman magasabb és keskenyebb volt, a maga 30 tonnájával pedig közel 5 tonnával nehezebb a Pz. IV-nél.

Briefly, during May production vehicles from all three factories were seen with a cupola hatch that lay flat when open. The direction it opens was also unusual, here it is opens forward to the left. Other examples show it opening forward to the right (p72), or to the rear (p78).With two great rivals side by side a physical comparison is possible. Although similar in volume it is clear how much taller and narrower the Sherman was. At 30 tonnes it was nearly 5 tonnes heavier than the Pz. IV.

A 16. páncéloshadosztály Nibelungen Werke gyártású Pz. IV Ausf. G-je egy korzikai telephelyen lelt végső nyugalomra, ahol sok amerikai katona emlékfotójának hátterévé vált. A gyártó beazonosítását két apró, de fontos jellegzetesség segíti: a sárvédő tartóján egy lyuk látható, amelyen keresztül hozzáférhető volt a felépítmény csavarozása (csak az említett gyárnál készült így), és a tűzoltó készüléket a többihez képest fordítva, négyszögletes végével előre rögzítették (58. oldal). A páncéloson még a korai változatú tartalékgörgő-tároló és láncfeszítő rúd van.

The ultimate resting place of this 16. Pz. Div. Nibelungen Werke G was in a Corsican vehicle dump. Here it became the backdrop to many GI portraits. Two small but significant features identify this as Nibelungen Werke; the fender support bracket has a hole drilled in it so the corner bolts of the superstructure frontal armour can be accessed, only they did this and the fire extinguisher is fitted backwards, with the rectangular end facing forward (p58). The old wheels bin and track-fixing rod are still used.

A Krupp által gyártott harckocsikon a fényszórót a felépítmény közepére rögzítették, amikor azok számát egyre csökkentették. Ez nagyjából az 1943 májusában és júniusában gyártott Pz. IV Ausf. G-ken látható, mind csavarozott, mind a csavarozott és hegesztett páncélzatú példányokon. Érdekes, hogy a sárvédő tartóján a csavarozott páncélzat ellenére nincs lyuk. Ez a páncélos egyike annak a 91 darabnak, amelyet Németország küldött bolgár szövetségesének (lásd a pajzsot a torony kötényzetén), ahol Maybach T-IV néven rendszeresítették.

Placing the single headlight centrally on the superstructure was the solution Krupp came up with when the number of lights was to be reduced. This was seen briefly during May/June production on Gs with all bolted superstructures and either welded or bolted hulls. It is worth noting the lack of a hole in the fender bracket despite bolted armour being in place. This Pz. IV is one of the 91 sent to bolster Germany's Bulgarian ally (note shield on Schürzen), where it was designated Maybach T-IV.

▸ Egy Vomag gyártású Pz. IV Ausf. H, a sárvédőjére krétával írt 8??56 alvázszámmal. Jól láthatóak az Ausf. H új, öntött váltóműházának részletei. Sajnálatos módon a fénykép negatívjának sérülése miatt a második és harmadik számjegy kiolvashatatlan, pedig ezek utalnak a pontos gyártási hónapra (amely valószínűleg 1943 júniusa). Úgy tűnik, a Vomag valamilyen okból kifolyólag a csavarozott felépítmény bevezetését követően (70. oldal), de a 80 mm-es páncélzat alkalmazása előtt visszatért a hegesztett megoldáshoz. Figyeljük meg az irányzóműszer bedugaszolt nyílását!

▸ A Vomag Ausf H with Fgst Nr 8??56 chalked on its mudflap. The detail of the new cast H drives shows up well. Unfortunately a faulty negative has damaged the crucial 2nd and 3rd numbers. Those two digits are the ones that accurately pin point its production month, although it looks most likely to be June 43. It appears that for some reason Vomag had to return to welded superstructure armour after bolted (p70) but before implementing the change to 80mm. Note plugged binocular sight (also p60).

A „Mielke" páncélosszázad Pz. IV-ét az angol 2. ejtőernyős-zlj. katonái lőtték ki Westervoortsedijknál. Bár látható az Ausf. G típusú kihajtás, mégis Vomag Ausf. H-ról van szó. A Vomag alkalmazta a korai gyártású Ausf. H-kon a csavarozott pótpáncélzatot a füstfejlesztők elhagyásával 1944 ápr/máj-ban. További képeken is látható a hátrafelé nyíló parancsnoki kupola, illetve, hogy a páncéltest hátlemezén nincsenek egyesével rögzített pót lánctagok. A köténylemez tartói, a rögzítőgombák és a zimmerit bevonat alapján a harckocsi feljavításon esett át.

This Pz IV from adhoc Pz.Kp. Mielke was KOed by 2nd Para (Westervoortsedijk). Despite the clearly visible G drives it was in fact made under an H contract at Vomag. The bolt-on armour and deletion of smoke candles were implemented on early Vomag Hs, as the contracts crossed over in Apr/May. Other images show, as well as the rearward opening cupola, it has no individual track links on the rear plate. Later hull schurzen brackets, turret pilzen and zimmerit are evident, indicating an upgrade.

Két fénykép a 35. páncélosezred 4. századának (4. páncéloshadosztály) egy igencsak viseltes Pz. IV Ausf. H-járól. Az öntött váltóműház mellett a meghajtókerék is változott, a küllők üregesek lettek. Ezen a képen jól látható, ahogy a hó megült a küllőkben (a következő oldalon ugyanakkor a küllők tiszták). A pót lánctagok hiánya ritka rápillantást enged a csavarozott páncélzatra. Ennek az Ausf. H-nak még a korábbi, egyszerűbb kétkamrás csőszájféke van, a futómű lánctalpának tagja a vízszintes homlokpáncélra szerelt pót lánctagokkal ellentétben üregesek.

Two views of a well worn early Ausf H from 4./Pz.Rgt. 35 - 4. Pz. Div. As well as the cast drive housings the sprocket was altered so the spokes were hollow, snow packing in to these gaps can be observed here although it is clearer opposite. The lack of spare tracklinks across the hull gives a rare view of the configuration of the bolted armour. This H still has the earlier simple double muzzle brake and solid guide horns on its glacis tracklinks although the main tracks ones are hollow.

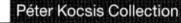

Egy felettébb zilált kezelőszemélyzet átveszi a napiparancsot Kovel körzetében, ahol ez a négy fénykép készült 1944-ben. Kicsi, de jellemző elemekből könnyebben megállapítható, hogy ez a páncélos nem a Nibelungen Werke-nél készült, mint az, hogy a Krupp vagy Vomag gyártmány-e. A toronykötényzet három-három csavarja a Nibelungen Werke páncélosain a képen látható, egymáshoz képest tükörképben elhelyezettektől eltérően volt pozicionálva, és farpáncéljukra pót lánctagokat illesztettek.

A rather disheveled crew received the days orders for their operations in the Kovel area, where these four images were taken in 1944. From small visible features it is easier to say this is not a Nibelungen Werke vehicle than identify whether it was specifically from Krupp or Vomag. The three bolts now used on the forward turret Schürzen were identical on Nibelungen Werke vehicles not mirrored like these, plus the lack of single tracklinks on the engine rear reinforces this.

A 35. páncélosezred (4. páncéloshadosztály) második harckocsija a képsorozatból. A két Bosch fényszóró, valamint a parancsnoki kupola hátrafelé nyíló ajtaja nagyjából ugyanarra a gyártási időszakra datálja a páncélos elkészültét, mint a 74. oldalon látható Pz. IV-é. A vezető és a rádiós oldalsó kinézőjének elhagyása rendszertelenül történt, találunk olyan példányt is, amelyiken az egyik kinéző megvan, a másik hiányzik. Ez nem függött a három gyártótól, mivel azok már a kész felépítményt vették át, és építették össze a többi részegységgel.

The second vehicle in this series from Pz.Rgt. 35 - 4. Pz. Div. The presence of two Bosch lights indicates this vehicle may be from the same time frame as the one on p74, the rear opening cupola hatch also fits. The deletion of the driver's and radio operator's side visors appears to have been sporadic and examples of vehicles with one deleted and one in place have been observed. This is not specific to the three factories discussed here as superstructures were supplied to them already assembled.

A „I 11" valószínűleg az egység törzsszázadának (Stabskompanie) páncélosa, mivel többnyire azok használtak betűt vagy „0"-t első számjegyként (a harcászati azonosítószám első jegye a századot, a második a szakaszt, a harmadik a páncélost jelölte). A 35. páncélosezred több jelzést is használt az üvöltő medvétől a háromágú rúnáig. A légszűrő ugyan hiányzik a járműről, de az annak bekötő csöveit védő lemez látható. A páncélos jobb oldalán még meghagyták az antenna bemeneti nyílását, amit ebben az esetben bedugaszoltak.

"I 11" is probably from the unit's Stabskompanie as they often used a letter or zero as the first turret digit (1st number indicates kompanie, 2nd zug, 3rd vehicle). This regiment carried a number of emblems and symbols; from the roaring bear to the three-pronged rune they documented its lengthy and busy past. The air filter is missing, although the shield covering the pipes entry remains. This reveals the aerial trough still in place, the hole for the aerial was just plugged at this point.

Az „LSSAH" Pz. IV-einek harmadik sorozata 1943 szeptemberében, Milánó utcáin mutatja a páncélosokat. A két különböző nézetű fénykép lehetővé teszi, hogy megállapítsuk, a „626" a Nibelungen Werke 1943 júniusi gyártása. Épp látszik a lyuk a sárvédő tartóján, illetve a toronykötény ajtaján a kilincs és zár helyzete szintén segít behatárolni az időpontot. A toronykötény tartóit korábban kései változatként ismertettük, de lényegében a Nibelungen Werke jellegzetessége.

This third iteration of Pz. IVs within "LSSAH" sees them on the streets of Milan in September 1943. The nice two point view of 626 a makes an identification as June production at Nibelungen Werke possible. The hole in the fender support is just apparent and the front Schürzen door with the lip and the rear Schürzen with hinge placement that allows it to close flush are indicators. The turret brackets are of the type previously described as "late" but were in fact a Nibelungen Werke specific version.

Hátulról, a hadosztály jellegzetes, álkulcsot és tölgyfalombot ábrázoló jelzése mellett megfigyelhető a három külön felerősített pót lánctag. A torony hátulján megfigyelhetük a harcászati azonosítószám bontását, miszerint a századot jelölő első tagot a hasábkereszt elválasztja a két másik számjegytől. A „Leibstandarte"-t az olasz kiugrás után küldték Olaszországba erődemonstráció céljából. Ekkor már az MG 34 légvédelmi géppuskához rendelkezésre állt a parancsnoki kupolára szerelhető állvány.

From the rear the row of three individual tracklinks are also observable, next to the unit's distinctive key and oakleaves emblem. It also shows its distinctive separating of the number by the Balkenkreuz on the turret rear, with the Kompanie number left in front of it. Leibstandarte was sent into Northern Italy as a show of strength after the Italian surrender. The poseable cupola mount for an AA MG-34 is now available.

A 25. páncéloshadosztály csavarozott páncélzatú Pz. IV Ausf. H-ja az alakulat későbbi (1943. decemberi), Nibelungen Werke gyártású páncélosa mögött parkol. Annak ellenére, hogy lánctalpa fordítva lett felhelyezve, a „834"-es minden más jellegzetessége – a kötény elemei, az ásó iránya és a pót lánctagok a jobb első sárvédőn – arra utal, hogy a Krupp gyártotta. A kezelőszemélyzet korábban esetleg egy Nibelungen Werke által gyártott páncélost használt, és ezt a példányt egy karbantartás során annak megfelelően szereltek fel újra.

Italy, July 1944 and this captured 25. Pz. Div. Ausf H with bolted armour has been parked up behind a later (December 1943) Nibelungen Werke Ausf H, from the same unit. Although 834 has its tracks on backwards all other feature, such as the Schürzen elements, spade direction and individual links on the right front fender, point towards a Krupp assembled vehicle. This anomaly could be explained by a crew that had previously driven a Nibelungen Werke replacing them this way round after a repair.

Úgy tűnik, a Krupp is átállt a fém visszafutógörgők felszerelésére, mielőtt elkezdte volna a feljavított ütközőbakok és az új kerékagyak alkalmazását. Ezen a képen is jól látható a 79. oldalon említett antenna kivezetőnyílás és az azt lezáró dugó. Ez a harckocsi nagyjából 1943 augusztusában készült, és több mint egy évet szolgált a fronton. Eközben kiegészítő páncélzattal látták el a torony tetőlemezét, és tábori körülmények között zimmerit-bevonatot vittek fel a felületére. Utóbbira 1944 januárjától külön utasítás kötelezte a csapatokat.

Krupp also appear to have changed the return rollers to the steel version prior to upgrading the dampers and hubcaps. Again the aerial trough is still in place and the plug mentioned on p79 is clear. This production version, from around August 1943, has been at the front over a year and has had additional armour added to its roof as well a roughly applied zimmerit coating that has been described as "field applied". There was an order for this to be carried out by troops from January 1944.

A harcászati azonosítószám és a téli álcázás alapján ez a fénykép 1943 októberében készült a 24. páncéloshadosztály korai gyártású Pz. IV Ausf. H-járól, amikor az alakulatot Olaszországból a keleti frontra szállították. Akárcsak az előző képen, a lánctalp itt is fordítva látható, ám ezen kívül semmilyen ismertetőjegyet nem láthatunk, amely a Nibelungen Werkére utalna. A Vomagnál ugyanúgy rögzítették a köténylemez ajtóit, mint a Nibelungen Werke esetében, a kötényzet tartóit pedig három csavarral.

The turret numbers and worn whitewash indicate an early H of 24. Pz. Div after their transfer from the heat of Italy to the chill of the Eastern front in October 1943. Like the previous image the tracks are backwards but other features do not fit Nibelungen Werke production. Vomag ultimately fitted their schurzen doors in the same orientation as Nibelungen and the brackets are now attached with three bolts.

A 22. páncélosezred (21. páncéloshadosztály) Vomag által 1943 júliusában vagy augusztusában gyártott Pz. IV Ausf. H-ja Caen-tól északra, Lebisey közelében 1944 júliusában. Az előző oldalon látott harckocsihoz hasonlóan ezen is 80 mm-es páncéllemezből készült a felépítmény, és csavarozott a páncélteknő páncélzat. Ugyanakkor a Vomag esetében a 80 mm-es páncélzta használata augusztusig akadozott, mivel addig az időpontig előfordult, hogy csavarozott változatot építettek. A harckocsiról készült másik képen látható a toronykötény hátuljára festett fehér „612"-es szám, amely egy korábbi, „331"-es számot fed le. A páncélos eredetileg ugyanis a Panzer Lehr hadosztály állomnyába tartozott, és csak 1944 májusában került a 21. páncéloshadosztályhoz.

A Vomag H of Pz.Rgt. 22 - 21. Pz. Div., produced in July/August 1943 and captured North of Caen near Lebisey in July 44. Similar to the previous page it has 80mm plate fitted to the superstructure and bolted below, although the introduction of the 80mm appears erratic at Vomag with bolted still used solely in August. It has its Div's. white turret number 612 to the rear of its Schürzen but an older over painted 331 is also visible. This is from its previous owner Pz. Lehr, who it transferred from during May.

Ezen a Pz. IV Ausf. H-n már mind a felépítményen, mind a páncélteknőn 80 mm-es homlokpáncél van, de a korai köténytartó sínnel és nincs rajta zimmerit bevonat. Ez alapján 1943 augusztusa előtt gyártották. A személyzet búvónyílásai a páncéltesten vízszint alá nyílnak, ami arra utal, hogy az ütközőbakokat még nem cserélték le a későbbi változatra. A toronykötény ajtaján a zárnyelvnek és ellendarabjának kivitelezése a Nibelungen Werke jellemzője. Mindkét első vonószem külső része hiányzik, a lánctalpak felfekvő felületein pedig kapaszkodó körmök találhatóak!

The Ausf. H carries 80mm solid frontal armour on both hull and superstructure but it is still using early style Schürzen rails and no Zimmerit, which would date its production to August 1943. The forward crew hatches open beyond the horizontal, which suggests the splash-guard has not been changed. The lip on front door and fillets on turret Schürzen indicate a Nibelungen Werke vehicle. Note the outside half of both towing points have been broken off and that the tracks have anti skid chevrons added.

A második fénykép ugyanarról a járműről igazolja a Nibelungen Werke gyártást, mivel látható a sárvédő tartójába fúrt lyuk (bár az új páncéllemez miatt ebben az esetben a csavarokra már nem volt szükség). Ez a páncélos jó példája annak, hogy a gyártás során felhasználták a már rendelkezésre álló régi alkatrészeket, mielőtt az újakat alkalmazták volna. Mivel a csillagkerék és a futómű csupa sár, nehéz bárminemű változtatást felfedezni a sárvédő vonala alatt. Ilyen évjáratú páncéloson szokatlan a korábbi gyártású csőszájfék.

A second image of the same vehicle confirms Nibelungen Werke, as the hole in the fender support bracket is evident even though there are no bolts remaining. A good example of a production run using up old parts before fitting the new. With its sprocket wheel and running gear smothered in mud it is hard to spot any changes below the fender line. It is unusual to still see an earlier muzzle brake of this style on a vehicle of this vintage.

A zimmerit egy anti-mágneses bevonat volt, amelyet 1943 szeptemberétől 1944 szeptemberéig vittek fel a páncélosok függőleges felületeire. Kezdetben a páncélteknőre, a felépítményre, a toronyra és a köténylemezekre, a későbbiekben azonban csökkentették a felületeket. Itt a tornyon tipikus Nibelungen Werke mintázatú bevonat látható: négy vízszintes csík, függőleges rovátkázással. A préselt lemezből készült kerékagy-fedőket szeptembertől alkalmazták, az öntött láncfeszítőkerék és a kötényzet háromszög alakú tartófogakkal készült sínjét pedig októbertől.

Zimmerit was an anti magnetic paste applied to horizontal surfaces from September 1943 to September 1944 to mitigate against mines. Initially it was applied to Schürzen as well as hull, superstructure and turret but soon these areas were to be reduced. This vehicle shows the Nibelungen Werke style of turret zimmerit; four horizontal bands with vertical ridges. It also carries another September update, pressed hubcaps. Finally it has a cast idler wheel and hull Schürzen with triangular teeth, which were ordered in October.

A felépítmény oldalfalait zimmerit bevonattal látták el, ám a köténylemezek alkalmazásával ezt később már elhagyták – utóbbiak kellőképp távol tartották a támadókat, így a bevonat feleslegessé vált. A képen látható módon felvitt zimmeritezés a *Nibelungen Werke* által gyártott kései Pz. IV Ausf. H-k, illetve korai Ausf. J-k jellemzője volt. Figyeljük meg az eltéréseket a 93. oldalon látható páncéloshoz képest.

Zimmerit is applied to the superstructure sides but this was evetuallly stopped as hull schurzen hindered access for attackers and the paste was deemed irrelevant in this location - should read - Zimmerit is applied to the superstructure sides, which may be a factory specific feature as Nibelungen Werke only applied it here on late H and early Js. It is also a different style form that on p93.

Ez a két, Nibelungen Werke által gyártott Pz. IV Ausf. H nagyjából egyazon időszakban készült. A háttérben álló páncélost valamivel mégis korábban készíthették, mivel a kötény tartósínjén még végig teljes háromszögek az akasztók, míg az előtérben állóén a két első háromszöget „megcsonkították", hogy kövessék a lemezek vonalát. Érdekes a toronykötényzet második tartóeleme, amelyben egy kis görbület látható. Ez nem baleset következménye: a torony tetőlemezébe épített közelharcfegyver miatt kevesebb hely maradt a tartónak, amelyet nem méreteztek át.

This pair of abandoned Nibelungen Werke Hs are from a similar production period, the one in the background only slightly earlier. It still has complete triangles along the Schürzen rail where as the one in the foreground has had the first two cut down to follow the top of the shield. One very small point of interest is the bend across the top of the second Schürzen bracket. This may look accidental but was caused by the location of the plate in the roof covering the hole for the Nähverteidungswaffe.

A köténylemez első részén (a jóval szilárdabban felfüggesztett kötények előtt) látható egy kis kivágás. Ezt kizárólag a Nibelungen Werke által gyártott páncélosokon látni, feltehetőleg a sár felhalmozódását volt hivatott meggátolni (a Krupp és a Vomag nem alkalmazta). A felépítmény homlokpáncélzatának zimemritezésébe hó tapadt, ám így is észrevehető a sárvédő tartójába fúrt lyuk. Közvetlenül a hasábkereszt alatt egy sötét négyzet látható, valószínűleg alakulatjelzés (talán a 31. páncélosezredé).

On the small front section of the Schürzen (which was added along with the more secure hanging system) is a cut-out section. This cut-out is only seen on Nibelungen Werke production and is thought to stop mud gathering, Krupp and Vomag used a full triangle. Across the superstructure front ridges of snow are gathering on the zimmerit ripples and the hole in the fender bracket is still evident. Just below the cross is a small dark square, which is most likely the unit's emblem (possibly Pz.Rgt.31).

A toronykötényzet ajtajainak kivitelezése és a motortér hátuljáról hiányzó pót lánctagok, illetve a zimmerit mintázata alapján ezt a harckocsit a Krupp vagy a Vomag gyártotta. A farlemez és a fenéklemez már törés nélkül csatlakozik egymáshoz. Ezt az 1943 decemberében bevezetett leegyszerűsítő megoldást a páncéllemezek fogas csatlakoztatása hozta magával. A toronykötény hátulján hat szokatlan furat látható, ami azt sugallja, hogy korábban valamit odaerősítettek.

The design of the Schürzen doors, the lack of tracklinks on the engine rear and the style on zimmerit application point towards either Krupp or Vomag as the production factory. The bottom edge of the rear plate is now squared off creating a completely flat bottom to the hull. This December 1943 production simplification was connected to the introduction of interlocking front plates. There are six unusual rivet marks on the rear of the turret Schürzen that show something was stored there at some point.

Ez a Pz. IV Ausf. H (Nibelungen Werke) már új futóművet kapott: fém visszafutógörgőket, hegesztett ütközőbakokat és préselt lemezből készült kerékagy fedeleket. Úgy tűnik, hogy ebben az időszakban csak a Nibelungen Werke alkalmazta az új, öntött láncfeszítőkereket. Ennek a páncélosnak nincs felszerelve a légszűrője, valószínűleg azért, mert a köténylemezek mögött felhalmozódó por és kosz rendkívül gyorsan eltömítette ezeket. A szűrők leszerelését egy 1944 februárjában kelt utasítás alapján fejezték be, de sokszor már ennél korábban is eltávolították őket.

This Nibelungen Werke late H (Schürzen doors and brackets) has new running gear in place; steel return rollers, new welded suspension dampers and pressed hubcaps. It would appear from period images that only Nibelungen Werke actually fitted the new cast idler wheel during this period. This H in Italy has no air filter fitted. Due to the build up of dust trapped behind the Schürzen skirts filters blocked very quickly. An order was issued to delete the min February 1944, although evidence shows them removed earlier.

Újfent egy Nibelungen gyártású Pz. IV Ausf. H, az összes új ismertetőjeggyel: a futómű új egységeivel, kivágással a kisebbik köténylemezen és zimmerit bevonattal. A fénykép Franciaországban készült 1944 tavaszán. Az eddigi Nibelungen gyártású járművektől eltérően ezen a lánctagok teli vezetőfogakkal és csúszásgátló kapaszkodó körmökkel vannak ellátva. A felépítmény elején kiemelkedő két elem a a búvónyílások ütközőbakja, amelyek korábban gumiból készültek, és általában az új szögletes, hegesztett lövedékvetővel együtt alkalmazták.

Another Nibelungen Ausf H with all new elements in its running gear, cut out in the small schurzen plate and zimmerit. The location is likely France during the spring of 44. Unlike the other Nibelungen vehicles already described its tracks have solid guide horns and anti-skid chevrons. The two posts protruding above the superstructure front replaced the rubber stop for the hull hatches and were fitted alongside but not exclusively with the new square, welded bullet-splash guards.

A D-napot megelőzően számos fénykép készült a 3. páncélosezred (2. páncéloshadosztály) 8. páncélosszázadának Pz. IV-eiről. Ezzel szemben a páncélosezred 6. századáról ritkán találhatunk felvételeket – pedig ez egyike volt azoknak a „hasznos" alakulatoknak, amelyek harckocsijain megtalálhatóak az alvázszámok. Ezek rendkívül hasznosak a gyártási sajátosságok megállapítása során, különösen, hogy napjainkban már több a havi termelési listák és a különböző, gyártásal kapcsolatos szerződések is a rendelkezésünkre állnak.

8./2.Pz.Div. Pz IVs were much documented on exercise in Normandy, prior to D-Day. In comparison 6./2.Pz.Div. images are rare. It is one of the useful units that applied Fgst Nr to their PzIVs. These have been very useful in forming a production picture, especially when compared with monthly production and contractual information now available. 642's Fgst Nr is obscured but it is safe to pin point its production around Nov 43, it has similar features to other Nibelungen with visible numbers.

Egy kivételével minden jel arra utal, hogy ez a Nibelungen Werke által gyártott Pz. IV Ausf. H 1943 őszén készült. Az ellentmondást a bal futómű csillagkereke jelenti, amely az Ausf. G sorozat jellemzője. Néhány Ausf. H-t valóban Ausf. G csillagkerékkel szereltek fel, de ez a példány túl késői változat ahhoz. Nem kizárt, hogy csak egy cseréről van szó, amihez a teljes kihajtást cserélni kellett, mert ez az Ausf. G és Ausf. H között nem volt csereszabatos. Valószínűleg ez utóbbi történt, de a váltómű a sártól nem beazonosítható.

All the features on this Nibelungen Werke Ausf H with zimmerit suggest it was assembled around Autumn 1943, expect one. This anomaly is the G era sprocket on the left running gear. A few early Hs were produced with G sprockets but this is too late in to the run to be one. However this could indicate a repair. The G sprocket could not be swapped for an H one but the whole drive could be. That is likely what has occurred here. The mud on the right drive housing makes it unclear what era it is from.

Több jel is arra utal, hogy a képen egy parancsnoki Pz. IV (Panzerbefehlswagen IV) látható. A harcászati azonosítószámban használt betűjelzés a törzsszázadok járműveinek jellemzője volt (bár a "V" betű használata szokatlan). A toronyra erősített kiegészítő antenna és a csillag-antenna azt erősíti, hogy ez egy különleges feladatú harcjármű, kiegészítő rádiókészülékekkel felszerelve. A kései gyártású Pz. IV Ausf. H-kon és a korai gyártású Pz. IV Ausf. J-ken a gyártás fokozása érdekében már a köténylemezeken elhagyták a kivágást.

A few features indicate this is a Pz. Bef. IV command tank. As mentioned earlier the use of a letter is a key indicator of a stab vehicle (although V is unusual) but the additional aerial on the turret rear and the star aerial indicate a vehicle specifically converted for this role with additional radios fitted internally. The cut-out on the triangular first Schürzen plate appears to be dropped on late H/early Js, a clear case of the move to production efficiencies.

A korai gyártású Pz. IV Ausf. J-k legfőbb ismertetőjegye a farlemez bal oldaláról lehagyott kiegészítő kipufogó volt. A toronyforgató motort már nem szerelték be, hogy több üzemanyagot tudjanak elhelyezni a páncélosban; a torony forgatása kézi erővel történt. Az üzemanyagtartály felszerelésével komoly problémák adódtak, és az ígért hatótávolság-növekedés egészen 1944 szeptemberéig váratott magára. Ekkor a Krupp már kivált a Pz. IV gyártásából, és a Vomag is csak 180 darabot fejezett be, mielőtt 1944 májusában átállt a Jagdpanzer IV gyártására.

Main identifying factor of early Js was the deletion of the auxiliary exhaust from the left side of the rear plate. The engine was removed to allow an extra fuel tank to be added, the gun would now be traversed by a hand-crank. There were serious issue with the fitting of the tank and the promised increase in range would not be possible until September 1944. By this point in production Krupp was no longer assembling Pz. IVs and Vomag only finished 180 before moving to Jgd.Pz production at the end of May.

A lánctagok felfekvő felülete teljesen sima, ami nem volt gyakori. Valószínűleg ez a páncélos jelentős utat tett meg, amelynek során a kapaszkodó körmök teljesen lekoptak. A tartalék futógörgők tárolója nem a szabványos oldalon van, hanem közvetlenül a felépítmény jobb oldalára, a már nem alkalmazott légszűrő helyére egyesével felrögzített hat darab pót lánctag elé szerelték fel. A tároló oldalán látható az egyik villáskulcs tartója.

The contact surface of the tracks are completely smooth, which is not a recognised style. It probably indicates this vehicle has covered a considerable distance, wearing off the anti-skid chevrons. The spare wheel bin is on the wrong side. It sits in front of the six individual tracklinks that were attached to the right superstructure side after the deletion of the filter. This bin has the small bracket used to store one of the spanners, another J feature.

A 2. SS-páncélosezred 6. századának két hátrahagyott Pz. IV Ausf. J harckocsija St. Fromond külvárosában, 1944 júliusában. Az elöl álló, „6?5" toronyszámú páncélos alvázszáma (89689) a vezető kinézőjén olvasható. A harckocsi egyike az első kétszáz Ausf. J változatnak. Ez az alvázszám a Nibelungen Werke utolsó, még Ausf. H-ra vonatkozó szerződéséhez tartozott, de átcsúszott az Ausf. J gyártására. A homlokpáncélon látható találat jól mutatja, hogy a 80 mm-es páncélzat már a legáltalánosabb harctávolságból sem nyújtott védelmet.

Two damaged and abandoned Ausf Js from 6./ss-Pz.Rgt. 2 on the outskirts of St Fromond in July 1944. The first vehicle, with turret number 6?5 carried the Fgst. Nr 89689 on its driver's visor, making it one of the first 200 vehicles of the J production run. Initially this was part of the last Nibelungen Werke H contract but the Fgst. Nrs were transferred to initial J production. The penetration of the superstructure front shows that the 80mm armour gave little protection at most normal combat distances.

A második, „622"-es toronyszámú harcjármű hátulján látható a Nibelungen Werke által már a kései gyártású Pz IV Ausf. H-nál, majd a korai Ausf. J-nél is alkalmazott vonószem, amely gyakorlatilag egy cső köré hajlított lemez volt. Az egység rúna alapú jelzése épp kivehető a poros zimmerit bevonaton, az egyesével rögzítet pót lánctagoktól balra. Akárcsak a „6?5"-t, ezt a páncélost is egy szemből érkező találattal lőtték ki, amely tisztán átütötte az első pót lánctagokat és a teknő homlokpáncélját.

From the rear of the second vehicle (622) we see a style of tow point introduced by Nibelungen Werke on late Hs and continued on early Js. It is constructed from a pipe with sheet wrapped round it to form the connecting points. The unit's Wolfsangle symbol can just be made out through the zimmerit and dust to the left of the individual tracklinks. Like 6?5 a frontal penetration knocked out this panzer, this time passing cleanly through the additional hull tracklinks as well as the hull front.

A kiegészítő kipufogó elhagyása mellett a korai Pz. IV Ausf. J-k tornyán leegyszerűsítették az oldalsó kibúvónyílásokat is. A kinézőket megszüntették, a helyüket behegesztették. Az első sárvédőn a zimemrit bevonat maradványai láthatóak. Némileg ironikus, hogy a páncélteknő elejére és a torony oldalára, a kötényzet mögé T–34 lánctalpakat erősítettek pótpáncélzat gyanánt. A járműre festett „629" egy szovjet azonosítószám, az eredeti harcászati azonosítószám 2-sel kezdődött. A páncéloson szokatlan módon még gumírozott visszafutógörgők vannak.

As well as the deletion of the auxiliary exhaust early Js started the process of simplifying turret hatches. We can see that vision blocks were no longer fitted, which meant the external apertures were welded over. It is also possible to make out zimmerit application on the front mudflaps. It is ironic that T-34 tracks are used as armour, including on the turret side behind the Schürzen. 629 is a Russian wreck number the turret number starts with a 2, unusually it still has rubber return rollers.

Péter Kocsis Collection

Az oldalsó nyílás felett látható az emelődaru rögzítésére szolgáló három rögzítőgomba egyike, amelyeket 1944 júniusától alkalmaztak. Egy júliusi utasítás értelmében a torony ventillátorát is páncélzattal látták el, így annak átmérője nagyobb lett. Figyeljük meg a köténytartó görbületét, amely lehetővé tette az NWD elhelyezését (lásd 90. oldal). Bár ezen a korai gyártású Ausf. J-n már megtalálható a három rögzítőelem a farpáncélon, még nincs felszerelve a második kapaszkodó a motortér tetőlemezére és a vízszintes "dob" kipufogóval van ellátva.

The small circle above the side hatch is one of the three "pilzen" points added to the roof in June 44 to allow a crane to be used. In July the order was also given for turret fans to be up-armoured giving them the wider diameter visible through the branches and a distinctive thick edge. Note the bend in the schurzen bracket to accommodate the NWD (p90). Although this early J has three brackets across its rear it has no second handle fitted on the engine deck and still has a horizontal exhaust.

Egy kormos roncs 1944-1945 telén Luxemburgban. Érdekes, és sok részletet feltár a két négyzet alakú nyílás a hálós köténylemezen. Ezeket a kezelőszemélyzet tagjai vágták ki, hogy könnyebben hozzáférjenek az üzemanyag-töltő nyíláshoz. Valószínűleg nem volt egyszerű, hogy a kötényeket le kellet szedni a művelet végrehajtásához, ezért találták ki ezt a megoldást. A torony köténylemeze mögött, a motortér tetején elhelyezett radiátorfedél alakját 1944 júniusában négyszögletesre változtatták. A páncélos jobb oldalára egy farönköt helyeztek.

A sooty wreck in Luxemberg during the winter of 1944-1945. The two square holes in the wire Schürzen shields are very interesting and reveal a lot about them. The crew have cut them out to gain access to the fuel caps on the hull side, indicating that removing the shields was a big enough hassle to cause them to find a permanent solution. The cover for the radiator cap was squared off in June and can be seen between the turret Schürzen and the engine deck. A log has been stowed behind the Schürzen.

1944 októberében és novemberében változtatások történtek az Ausf. J-k megjelenésében. Megszüntették a zimmeritezést. Az 5 mm-es vastagságú köténylemezeket dróthálóból készült kötényre cserélték, amelyeknek ugyanaz volt a feladata, mint a korábbi megoldásnak, de kevesebb anyagfelhasználással és kisebb súllyal. Megváltozott a parancsnoki kupola zárófedelének nyílása is, a sima felületű fedél jobbra nyílt ki. Végül a korábbi vonószemek helyett itt már a páncéltest megnyújtott oldallemezébe fúrt lyukak szolgáltak a vontatókábelek rögzítésére.

There were major changes to the J's appearance during September/October 1944. Firstly zimmerit application was stopped. The 5mm solid metal Schürzen skirts were replaced by wire shields, which carried out the same task with less material and weight. The turret hatch also changed, it now lifted and pivoted to the right while remaining flat. Finally, but not evident here, the tow-points would change to extensions of the hull side with holes drilled out.

Az 1. páncloshadosztály 1. páncélosezredének harckocsijai tölgyfalevél hadosztályjelzéssel a hasábkereszt jobb oldalán. Az oszlopot, amelyben három század korai és középidőszakos gyártású Ausf. J páncélosai láthatóak, 1944 novemberében fényképezték le Budapesttől keletre. Jól látható a korábbi kipufogódobot felváltó 1944 augusztusától alkalmazott lángrejtős kipufogó. A három pót lánctagot három kampóra akasztották. A kontúros, pöttyös álcamintát (fény és árnyék) csak 1944 augusztusában és szeptemberében festették fel a páncélosokra.

Pz.Rgt.1 - 1.Pz. Div. Note the units emblem of a single oak leaf, right of the cross on the turret rear. This column was photographed east of Budapest in November 1944 and shows a mix of early and mid Js from three different Kompanies. From the rear the difference between the new flammentoeter exhausts introduced in August and the old horizontal muffler is clear. The three tracklinks were swapped to three hooks. This contrasting dot camo scheme (Licht und Schatten) was only applied from August - September 1944.

A következő két páncélos különleges gyártási időszakban készült. Ezek a vonónyílások, a négy visszafutógörgő és a felépítmény emelőgyűrűi csak rövid ideig, 1944. november végétől december elejéig voltak egyszerre gyártásban. Az emelő kampók ismét felbukkantak néhány később gyártott harckocsin. Lehet, hogy kezdtetben gyenge konstrukciók voltak, vagy a Nibelungen Werke-t ért bombatámadások akadályozták felhasználásukat? Itt még az öntött láncfeszítő kereket láthatjuk, de a következő képen már visszatér a hegesztett változat.

Two vehicles from a very specific production point. Extended tow points, four return rollers and superstructure lifting loops occurred in the narrow production window of late November - early December 1944. The superstructure lifting hooks swapped for hoops initially occurred in this short period but do reappear on some later production vehicles. They may have been too weak or bombing at Nibelungen Werke interrupted their fitting. This idler is still cast but in the next pages the welded version makes a return.

Jól láthatóak a páncélteknő oldallemezének megnövelésével és kifúrásával kialakított vontatónyílások. Ezt a változtatást általában összekapcsolják a három visszafutógörgő alkalmazásával, holott az előbbit három hónappal korábban vezették be. A köténynháló hiányában remek rálátásunk van a kötényzet tartószerkezetére. A helyretoló szerkezet burkolatának tetején látható alkatrész a mérgesgáz-jelző panel rögzítésére szolgált. A szellőző burkolatának tetején az iránytű tartója látható.

These images give a clear view of the front tow points made by extending and drilling the hull sides, a change usually associated with the move to three return rollers. However, they were introduced in October three months prior to the return rollers reduction. Without the wire Schürzen in place its complex securing system is obvious. On the upper surface of the recuperator housing is a bracket for fitting a poison gas detector and above a bracket to mount an Otterkompas is fitted to the fan.

A gyártás leegyszerűsítésének egyik utolsó mozzanata a visszafutógörgők számának lecsökkentése volt 1944 decemberétől. A 11. páncéloshadosztály kései gyártású Pz. IV Ausf. J harckocsiját a bajorországi Kotzingban zsákmányolták 1945 májusában. A páncélosról készült egy híres színes fénykép is a másik oldalról. Jól látható a parancsnoki kupola elfordítható nyílása és a harcászati azonosítószám utolsó, 1-es számjegye. Ebben az időszakban a Nibelungen Werke az elkészült harckocsikat szabványosított, háromszínű álcázófestéssel látta el.

One of the last simplifications to production was the reduction to three return rollers from December 1944 onwards. This late J from 11. Pz. Div. was captured at Kotzing, Bavaria in May 1945. There is a famous colour picture taken from the reverse angle. There is a good view of the pivoting cupola hatch and the second digit of its turret number 11 is visible behind the GI. At this point in production Nibelungen Werke were applying a standardized three colourcamo scheme to late Js.

Ezen a fényképen lehetőségünk nyílik megvizsgálni a torony oldalsó, kinéző nélküli búvónyílásának utolsó változatát, és a Nibelungen Werke kései festésmintáját. Az álcafoltok széle szinte fehérnek tűnik, valójában sötétsárgák. A világosabb árnyalat valószínűleg annak köszönhető, hogy a minta körvonalát erősen hígított festékkel határolták be. A Pz. IV-ek a háború végének közeledtével még mindig képesek voltak károkat okozni az ellenségnek, a legújabb, nagy csőtorkolati sebességű páncéltörő fegyverekkel szemben azonban már túl sérülékenynek bizonyultak.

A chance to see the final hatch doors with no vision ports and all the other late features, plus another view of the late Nibelungen Werke factory scheme. The light edge to the camo patches was thought to be white but more probably is the trace of a factory worker defining the edges of the colours with a thicker line of dunkelgelb. As the war drew to a close the Pz. IV was still able to inflict damage on most of the enemy but had become too vulnerable to the latest high velocity weapons it faced.

COMING SOON!

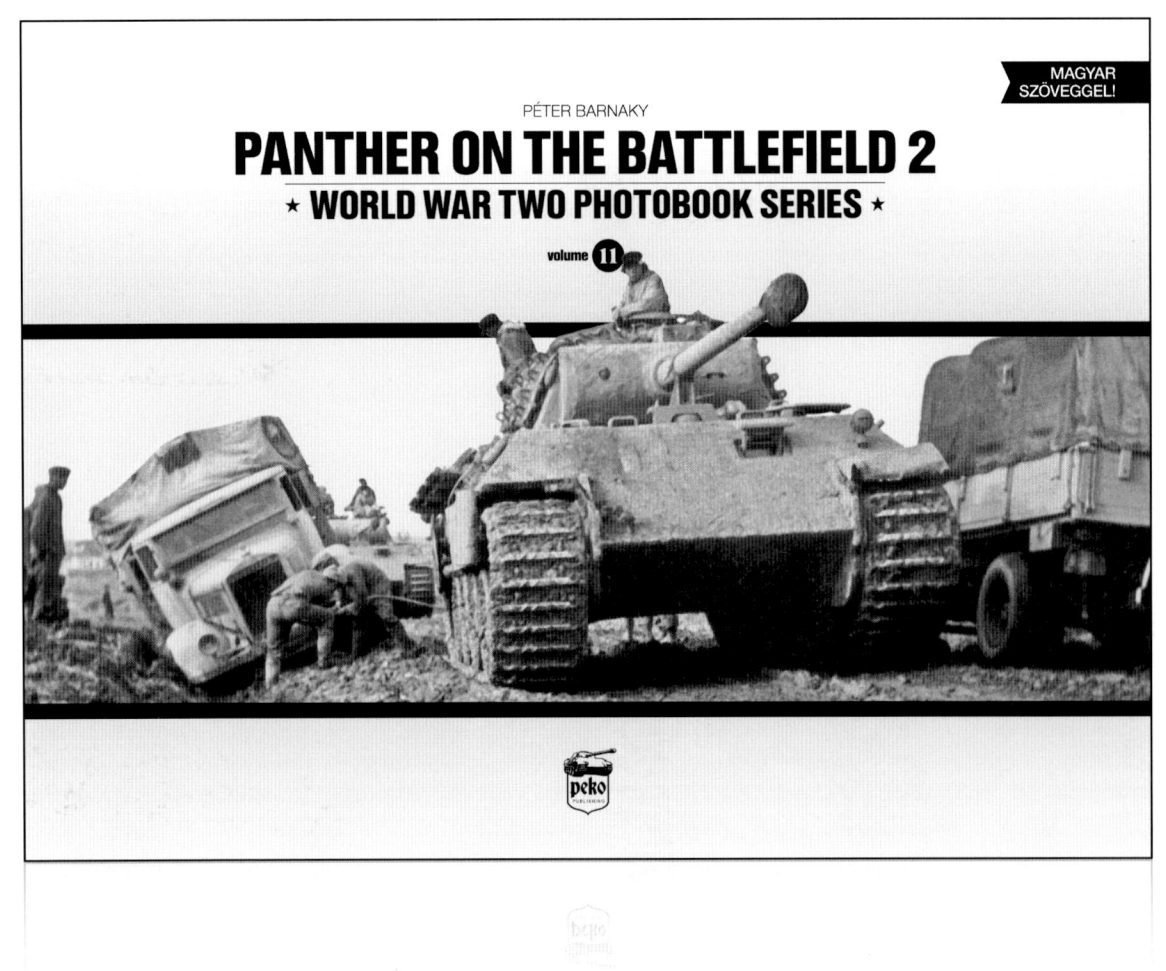

Ezen a fényképen lehetőségünk nyílik megvizsgálni a torony oldalsó, kinéző nélküli búvónyílásának utolsó változatát, és a Nibelungen Werke kései festésmintáját. Az álcafoltok széle szinte fehérnek tűnik, valójában sötétsárgák. A világosabb árnyalat valószínűleg annak köszönhető, hogy a minta körvonalát erősen hígított festékkel határolták be. A Pz. IV-ek a háború végének közeledtével még mindig képesek voltak károkat okozni az ellenségnek, a legújabb, nagy csőtorkolati sebességű páncéltörő fegyverekkel szemben azonban már túl sérülékenynek bizonyultak.

A chance to see the final hatch doors with no vision ports and all the other late features, plus another view of the late Nibelungen Werke factory scheme. The light edge to the camo patches was thought to be white but more probably is the trace of a factory worker defining the edges of the colours with a thicker line of dunkelgelb. As the war drew to a close the Pz. IV was still able to inflict damage on most of the enemy but had become too vulnerable to the latest high velocity weapons it faced.

COMING SOON!

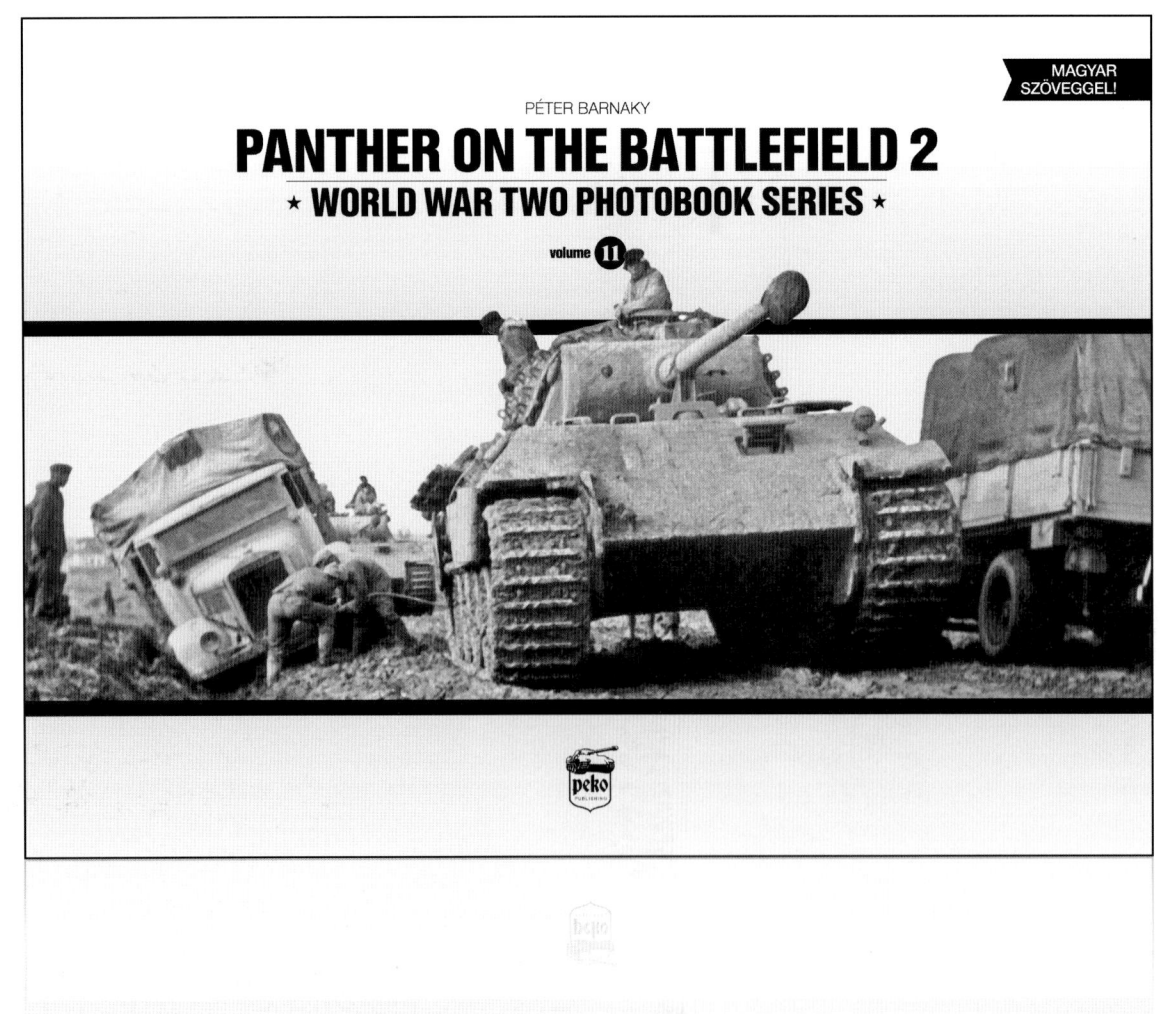